퍼
센
트

퍼센트

통계로 읽는 한국 사회
숫자가 담지 못하는 삶

/ 안지현 지음

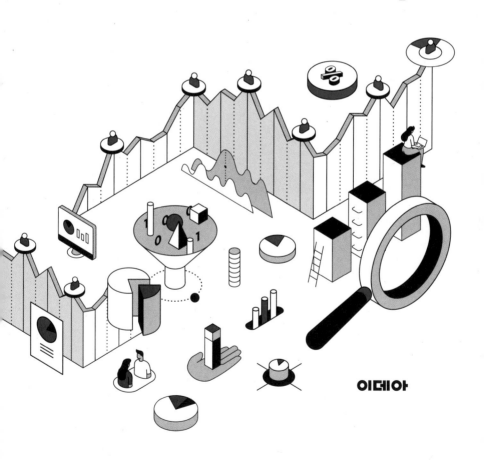

이데아

프롤로그

《퍼센트》에 담긴 주제는 어쩌면 매우 익숙한 것들입니다. 우리 사회의 소외된 사람들 이야기. 너무 뻔해서 '뉴스'가 되기 힘든 이야기들이죠. 하지만 제가 수습 기자였던 10여 년 전부터 지금까지 우리 사회가 해결하지 못한 얘기들입니다. 여전히 문제이지만 다시 언급하기는 새삼스러운 사연들.

그런 이야기를 다시 꺼내서 들여다보고 싶었습니다. 그리고 해결책도 진지하게 찾아보고 싶었죠. 그런 생각에서 '퍼센트'를 떠올렸습니다. 숫자를 통해 사안을 다시 들여다보고, 문제 해결을 위해서는 어떻게 무게중심을 잡으면 좋을지 치열하게 고민하기 좋은 형태라고 생각했기 때문입니다. 그리고 제가 채우지 못한 답은 함께 채우고 싶은 마음에 《퍼센트》를 집필했습니다.

장애인, 경력 단절 여성, Z세대, 성소수자, 반지하 거주민, 베트남전쟁 피해자, 운전기사, 그리고 자립 준비 청년들. 모두 제가 주목했던 《퍼센트》의 주인공들입니다. 그 가운데 고독사를 취재하던 때였습니다. 서울의 한 임대 아파트에 살던 60대 남성은 어두운 방 안에 마치 죽은 듯이 누워 있었습니다. 자식이 있지만 혼자 사는 그의 목소리를 듣는 데는 성공했으나 마음이 무거웠습니다. '이대로 죽고 싶다'는 말을 반복하던 그가 보여준 지독한 외로움과 열악한 환경은 50~60대 남성이 왜 고독사에 취약한 계층인지 그대로 보여주는 듯했기 때문입니다.

이 책을 집필하면서 그분이 제일 먼저 생각났습니다. 잘 지내시는지 궁금했죠. 그런데 취재 당시 연락을 주고받았던 카카오톡 아이디는 이미 없는 계정으로 되어 있었습니다. 내가 더 할 수 있는 건 없었다고 생각하면서도, 잘난 척하면서 글을 쓰는 사이 누군가는 생사를 달리했던 걸까, 그런 생각에 마음이 무거웠습니다. 그러던 중 이 책을 완성한 시점이 되어서 뜻밖에 그분에게 연락이 왔습니다. 요양병원에서 재활을 잘 받고 있다고요. 고맙다고요. 어떤 점이 고마우신 건지 더 묻지 않았지만, 잘 지내고 계시나니 기분이 좋았습니다. 기사를 쓰고 나면 기사에서 언급한 현실이 개선되는 일종의 '효능감'을 느끼기는 사실 좀처럼 쉽지 않은데, 이런 연락을 받으면 기분이 좋은 건 사실입니다.

저는 이 책의 밀도가 높기를 바랐습니다. 한 문장에 때로는 많은 의미를 내포하기도 했습니다. 열 문장 내외로 기사를 작성해야 하는 방송기자가 제 주된 업이기 때문에 생긴 습관이라고도 생각합니다. 그래서 저는 이 책이 한 번에 쭉 읽히기보다는 원하는 주제를 찾아서 드문드문 읽히기를 바랍니다. 그런 과정을 통해 현장에서 만난《퍼센트》의 주인공들 목소리에 공감할 수 있다면, 제가 취재하면서 보낸 1년, 그리고 책으로 집필하는 데 걸렸던 반년 넘는 시간을 값지게 보상받는 일이라고 생각합니다. 당장 현실은 바뀌지 않더라도, 몰랐던 타인에 대한 공감, 그리고 개선되었으면 하는 작은 바람들이 모이면 언젠가 현실도 바뀐다고 믿기 때문입니다. 그렇게 작은 공감들이 모여 '뻔한' 이야기들이 울림이 된다면, 저는 그것이《퍼센트》의 '효능감'이 될 거라고 믿고 싶습니다.

때로는 해결책을 찾지 못한 주제도 있습니다. 선뜻 더 강력하게 처벌해야 한다고 할 수 없었고, 그렇다고 그들의 사정도 들어봐야 한다고도 할 수 없었던 주제들이었습니다. 그래서 무리한 결론을 내기보다는 빈칸으로 끝나 버린 주제에 대해서는 살면서 더 고민하며 채우고자 합니다.

《퍼센트》를 취재할 때 함께 치열하게 고민하며 도움을 준 사람들이 있습니다. 인턴이자 미래의 기자를 꿈꾸는 윤희, 그리고 연지 작가. 때로는 공분하고 때로는 함께 울고 웃었던 덕에 지치지 않고 40개의 주제를 완성할 수 있었습니다.《퍼센트》의 시작과

끝을 각각 함께했던 채빈, 지혜 작가와 지치지 않고 했던 취재도 기억에 남습니다. 이 책의 초고를 보고 거침없는 비평을 해주신 제 인생의 스승님, 하경봉 교수님에게도 감사의 마음을 전합니다. 그리고 《퍼센트》를 보며 가장 먼저 공감해 주고 지지를 표현해 주었던 제 동거인의 응원이 무엇보다 힘이 되었습니다. '세상을 바라보는 시선이 따뜻한 기자'라고 말하는 남편의 '편견'을 취재의 원동력으로 삼아 왔다고 이 자리를 빌려 고백합니다. 그리고 6개월 넘는 시간 동안, 쉬는 날이면 집필을 위해 새벽부터 노트북을 들고 어디론가 조용한 곳을 찾아 떠난 엄마를 그리워했을 딸에게도 고맙다는 얘기를 해주고 싶습니다. 제 딸이 커서 어른이 될 때쯤이면, 지금보다는 좀 더 나은 사회가 되길 바란다는 거창한 소망도 써봅니다. 무엇보다 이 모든 것이 가능했던 건 제 인생의 1호 팬이 되어 준 부모님의 지원과 지지 덕분입니다.

마지막으로 《퍼센트》를 위해 목소리를 내준 주인공분들에게 감사의 인사를 전합니다. 치열한 일상 속에서 기꺼이 시간을 내어 목소리를 내준 덕에 현장을 담을 수 있었습니다. 그 가운데 자폐 자녀를 둔 어머니와의 인터뷰가 특히 기억에 남습니다. "단 하루도 이 아이와 떨어져 지낸 시간은 없었다"라고 말한 어머니의 자녀는 이미 성인이었지요. 20년 넘는 쉽지 않았을 세월을 덤덤하게 표현하는 모습에서 오히려 눈물이 나는 건 저였습니다.

때로는 악플이 달리기도 했습니다. 특히 고학력 여성을 포함해 경력이 단절된 여성의 이야기, 화물 기사에 대한 이야기 등을 쓸 때 젠더 갈등을 조장한다고도 했고, 그럴 거면 그냥 화물연대 대변인을 하라는 얘기도 댓글로 달려 있었죠. 제 필력이 부족한 탓이라고 생각합니다.

제 주위에도 일상을 묵묵하고도 멋지게 보내는 사람들이 많습니다. 때론 어려운 여건 속에서도 하루하루를 열심히 살아가는 사람들. 그중 한 사람인 제 오랜 벗, 일상 속에서 늘 현명한 선택을 하는 혜영에게도 존경과 응원의 말을 보냅니다. 평범하고 어쩌면 뻔한 일상을 묵묵히 살아가는 사람들의 이야기를 이제부터 시작합니다.

차 례 — 퍼센트

프롤로그·5

≒0%   제2의 사유리·15

0.01%   베트남전쟁 배상·21

0.08%   그린 워싱·28

0.3%   반지하 탈출·34

0.4%   혼잡 시 필요한 경비 인력·40

1%   사이코패스·46

1.6%   '13세' 소년범·53

2.4%   마약 치료·61

6.2%   안전운임제·68

12.4%   과학기술 분야의 여성 관리직·77

12.9%   자립 준비 청소년의 대학 진학·85

14.1%   '환경'이라는 선택과목·91

14.7%   아동 재학대·97

17.3%   학교 폭력 피해자의 절망·103

18%   MZ세대의 소통법·109

21.7%   장애인의 외출·116

23%   AI로 인해 사라질 직업들?·122

25.3%   경력 단절 여성·128

25.5%   '고기나 생선 주 1회도 못 먹는' 아이들·135

31%   Z세대의 영상 소비·143

35%   20년 뒤 한국의 여름·149

35.7%   한국 영화의 성 평등·154

36%   주택 가격과 출산율·161

39%   학교 성폭력 징계의 한계·167

39.7%   콜센터 노동의 민낯·174

41%   사라지는 시외·고속버스·181

41%   자폐성 장애인·187

42.2%   음주 운전·196

45.5%   MZ세대의 이직·202

47%   서울 택시가 안 잡히는 이유·209

49.1%   '제때 못 가는' 중증 응급 환자·215

52.4%   로스쿨 입학 여성의 미래·225

53%   국내 대학의 존폐·232

57%   '동성애 받아들일 수 없다'는 사람들·238

66.3%   고독사·244

67.8%   메타버스의 10대들·251

69.5%   '계층 이동 힘들 것'이라고 답한 MZ세대·256

76.1%   한국 노동자의 연차 사용·262

81%   세월호 유가족의 트라우마·269

95.8%   카카오톡 없이는····276

에필로그·282

0 10 20 30 40 50

60 70 80 90 %

≒0% ·· 제2의 사유리

0.01% ·· 베트남전쟁 배상

0.08% ·· 그린 워싱

0.3% ·· 반지하 탈출

0.4% ·· 혼잡 시 필요한 경비 인력

1% ··· 사이코패스

1.6% ··· '13세' 소년범

2.4% ·· 마약 치료

6.2% ··· 안전운임제

≒0%

여성 단독 출산율
'제2의 사유리'는 없었다

연예인 사유리 씨와 그가 출산한 푸른 눈의 아이의 모습이 주요 뉴스로 방송되던 그날을 아직도 생생하게 기억한다. 2020년 11월 16일. '사유리가 언제 결혼했었지?'라는 생각이 잠시 스쳤을 때 '자발적 비혼 출산'이라는 설명이 나왔다. '자연 임신이 어렵다'는 산부인과의 진단을 받았던 마흔 살의 사유리 씨는 급히 사랑하는 사람을 찾는 대신 정자은행으로 향했다. 결혼하지 않고 출산을 하는 비혼 출산을 선택한 것이다. 일본의 정자은행에서 서양인의 정자를 기증받아(동양인의 정자는 거의 없었다고 한다) 푸른 눈의 남자아이를 출산했다. 그렇게 그날 나는 '출산'이 톱뉴스로 나오는 신비한 경험을 했고, 다음 날 여러 조간신문도 새로운 형태의 가족의 탄생이라는 주제로 사유리 씨의 출산을 1면에 내보냈다. 이렇게 비혼 출산이 대서특필되는 것을 보면서 국내에서도 머지않아 '제2의 사유리'가 나타날 것이라고 생각했다. 그리고 2년여 시간이 지난 2022년 10월, 한 통의 전화를 받았다. 사유리 씨처럼 결혼하지 않고 정자를 기증받은 국내 사례가 단 한 건도 없다는 제보였다. '아니, 내가 몰랐던 것이 아니라 한 건도 없었다고?' 적잖이 놀랐는데, 그 이유가 법적인 문제는 아니라는 점에서 다시 한번 놀랐다. 실제로 2022년 10월 국회 국정감사장에서도 이 문제가 제기되었고, 당시 보건복지부 장관은 법이 아닌 사회적 합의를 언급했다.

> 사유리 씨의 경우에도 한국에서 난자 냉동을 했는데, 결국
> 에는 일본에 가서 출산을 할 수밖에 없었어요.
> 저는 비혼자 보조 생식술 허용 문제는 단순한 의학적인 문
> 제를 떠나서 사회적 논의와 합의가 선행되어야 하지 않을
> 까……. 조규홍(보건복지부 장관, 2022년 10월 6일)

사회적 논의가 우선되어야 한다고 말한 것은 국내에서 여성 단독 출산을 법으로 금지하고 있는 것은 아니었기 때문이다. 이는 1년 전 국감장에서 장관도 인정한 내용이다.

장관님, 우리나라에서 비혼 출산이 가능한가요?

현재 법적으로 금지하고 있는 건 아닙니다. 사회적으로 충분히 좀 논의를 해서 그 부분이 가능할지 여부를 판단해야 할 것 같습니다. 권덕철(보건복지부 장관, 2021년 10월 7일)

비혼 출산을 실질적으로 막고 있는 것은 대한산부인과학회의 윤리 지침이었다. 보조 생식술 윤리 지침에서는 여성 단독 출산에 필수적인 정자 공여 시술의 대상을 "사실혼을 포함한 부부에 한해서"로 제한한다. 이 윤리 지침 때문에 국내에서는 사유리 씨 같은 여성에게 시술을 감행하는 병원을 찾기 어려웠던 것이다. 불법은 아니지만, 윤리 지침을 어기고 시술한다면 학회로부터 징계를 받을 수 있고 차후 법적 분쟁으로 이어질 위험을 감수해야 하기 때문이다. 국가인권위원회가 나서 2022년 5월 "법률상 금지 규정이 없는데 배우자 없는 여성의 출산을 제한하는 건 차별"이라고 시정을 권고했지만, 학회는 "사회적 합의가 우선"이라는 이유 등으로 이를 거부했다.

이 때문에 한국의 '여성 단독 출산율'은 오랜 기간 사실상 0%였다. 흔히들 비혼 출산이라고 말하지만 여성 단독 출산이라고 표현한 것은, 결혼하지는 않았지만 사실혼 관계를 유지하고 있는 '비혼 부부'의 경우는 정자 기증을 통한 출산이 가능하기 때문이다(실제로 통계청은 이런 비혼 출산을 혼외자 비율로 집계하고 있었다).

이런 상황에서 '여성 단독 출산'에 대한 요구는 꾸준히 늘고 있

다. 한 여론조사에서 "결혼하지 않고, 아이를 낳을 것을 생각해
본 적 있다"고 답한 사람은 비혼 여성 응답자의 26%나 되었다(서
울시 여성가족재단, '서울 시민의 비혼 출산에 대한 인식 현황 및 정책 과
제', 2021년). 그리고 그런 여성을 주변에서 어렵지 않게 만날 수 있
었다.

> 가임력 검사(임신할 수 있는 생물학적 능력 검사)라는 게 있잖
> 아요. 그걸 받았는데, 이미 40대 중반이더라고요. 누군가를
> 만날 수 있을 거라는 생각도 들지 않았고, 지금으로서는 일
> 단 임신을 하지 않으면 굉장히 어려워지겠다고 생각했죠. 비
> **혼 출산 희망 여성(34세)**

하지만 그가 마주한 현실의 벽은 높았다고 했다. 시술을 해주
는 병원을 찾기도 어려웠지만, 찾는다고 해도 정자를 기증받는
것 역시 어려웠다. 국내에도 정자은행이 있지만, 남편이나 사실혼
관계의 남성이 있어야 했다. 이 경우에도 무정자증으로 판단된
남성 불임, 심각한 유전질환 또는 염색체 이상 등을 갖고 있는 사
례에 한해서만 정자를 기증받을 수 있다.

> 서울 내 중소 병원뿐 아니라 지방에 있는 병원에도 가봤습
> 니다. (병원에서) 시술을 거부하셔서요. 저는 많은 걸 바라는

게 아니라, 일반적인 부부들이 아이를 갖고 싶어 하는 것처럼 그 아이랑 행복한 일상을 보내고 싶은 것이거든요. 비혼 출산 희망 여성(34세)

해외에는 여성 단독 출산을 합법화하고 아예 양성화한 국가들이 있다. 일본에서는 개인 간 정자 기증을 통한 여성 단독 출산이 가능하다. 미국과 영국을 비롯한 유럽 일부 국가에서는 연령 제한의 차이만 있을 뿐 비혼 여성의 단독 출산을 허용하고 있고, 덴마크는 국가가 아예 무상 지원까지 해주고 있다.

해외의 여성 단독 출산 가능 여부

일본	개인 간 정자 기증	가능
미국	모든 여성(메릴랜드·하와이·텍사스만 연령 제한)	가능
영국	23~29세 비혼 여성	가능
덴마크	18~40세 모든 여성 **무상 의료**	가능

출처: 국가인권위 결정문(2022년)

결국 우리 사회가 마주하고 있는 가장 큰 장벽은 여성 단독 출산은 '불안정'하다고 생각하는 사회적 인식이다. 부부와 그 부부가 낳은 자식으로 이뤄진 가구만을 '일반적'이라고 생각하는 인식이 여성의 단독 출산을 막는 가장 큰 요인이다. 하지만 통계청 (2022년)에 따르면 부모와 자녀로 구성된 가구는 565만 가구로, 전체 가구 가운데 27.2%에 그친다. 1인 가구는 이미 이보다 많은 31.2%이고, 한 부모 가구 역시 10.2%나 된다. 우리가 흔히 일반 적이라고 여기는 부모와 미혼 자녀로 이뤄진 가정이 27%뿐인 상황에서 합계 출산율은 세계 최저 수준인 것이 우리 현실이다. '제2의 사유리'는 없는 여성 단독 출산율 0%. 이대로 여전히 괜찮은 지 본격적으로 논의를 시작할 때라는 목소리가 커지고 있는 이 유다.

부연 여성 단독 출산율이 0%가 아니라 ≒0%라고 한 것은, 이 책의 원고를 마감할 때쯤(2023년 말) 국내 첫 레즈비언 부부인 규진·세연 씨가 출산했을 뿐 아니라 결혼하지 않은 여성이 단독 으로 출산했다는 소식을 들었기 때문이다. 하지만 행여나 자신에 게 보조 생식술을 해준 산부인과 의사가 학회에서 제재를 받을 것을 우려해 여전히 숨죽일 수밖에 없는 상황이다. 앞으로 제2, 제3의 사유리 씨와 같은 출산이 떳떳해질 수 있는 날이 오길 기 원해 본다.

0.01%

베트남전쟁 피해 보상 판결 비율

우리는 일본과 다른 길을 갈 수 있을까?

베트남 민간인 학살 피해자 중에는 동명이인이 있다. 두 명의 응우옌티탄 씨. 사는 곳과 피해는 달랐지만 이들 모두 베트남전에 파병된 한국군에 의해 다쳤고, 가족을 잃었다. 베트남 민간인 학살은 이미 50여 년이 지난 일이지만, 이들 중 인터뷰를 하게 된 한 명의 응우옌티탄 씨는 그날 일을 마치 어제 일처럼 생생하게 설명했다. 나중에 알게 된 일이지만, 또 다른 응우옌티탄 씨도 마찬가지였다고 한다. 베트남 유학생이었던 한국인 구수정 씨가 한국인으로는 처음으로 이 문제에 관심을 갖고 학살 관련 현장 조사를 마친 후 돌아가려는데, 응우옌티탄 씨가 다가와 손에 쪽지를 쥐여주었다고 한다. 그리고 그 쪽지에 씌어 있던 단 한 문장은 "말하고 싶습니다"였다고 한다. 그렇게 제대로 말할 기회조차 없

두 명의 응우옌티탄

	응우옌티탄 A	응우옌티탄 B
사건 발생	1968년 2월 24일	1968년 2월 12일
사건 장소	꽝남성 하미 마을	꽝남성 퐁니 마을
당시 나이	11세(1957년생)	8세(1960년생)
피해 내용	• 어머니, 남동생, 큰어머니, 사촌 오빠, 사촌 동생 살해당함 • 왼쪽 청력 상실	• 어머니, 언니, 남동생, 이모, 사촌 살해당함 • 오빠 총상

었던 그들의 사연은 이랬다.

먼저 당시 열한 살이었던 하미 마을의 응우옌티탄 씨는 1968년 2월 한국군이 던진 수류탄에 온 가족을 잃고 자신도 크게 다쳐 한쪽 청력을 잃었다. 당시 베트남 사람들은 한국군을 '따이한'이 라고 불렀다고 한다. 어느 날(1968년 2월 24일) 집집마다 불타고 있 어서 놀라 그 광경을 보고 있는데, 엄마는 "따이한 군인이 우리 마을에 이런 짓을 했다"라고 말했다. 그리고 얼마 지나지 않아 따 이한 군인들이 총을 들고 자신의 집으로도 다가오는 것이 보였 다. 열한 살 응우옌티탄 씨는 무서워서 엄마를 꼭 안았고, 그 모 습을 본 따이한이 다가와 멱살을 잡아 아이를 한쪽에 내동댕이 쳤다. 그리고 또 다른 따이한은 마당에 있던 물 항아리를 깨부수 었다. 그때 멀리서 이웃들이 나체로 자신의 집으로 달려오는 것 이 보였다고 한다. 따이한은 그렇게 이웃 마을 사람들까지 11명을 집 마당에 마련된 방공호로 집어넣었고, 방금 전 깨뜨린 항아리 조각으로 양쪽 입구를 막았다고 한다. 그리고 그 방공호 안으로 그들이 던진 수류탄이 차례로 들어왔다.

> 엄마가 저와 제 동생을 자기 배로 덮어 주었습니다. 그때 한국군이 동시에 방공호 안으로 두 개의 수류탄을 던졌습니다. 온 방공호에 살점이 흩어지고 피가 그득했습니다. (방공호 안에 있던 사람은) 다 죽고 살아남은 사람은 저와 제 사촌동생과 다리가 잘린 남동생뿐이었습니다. **응우옌티탄(베트남 하미 마을 민간인 학살 피해자)**

엄마 품속에 같이 안겼던 동생과 함께 겨우 살아남았지만, 크게 다친 동생은 3일 후 결국 숨졌다고 한다. 온 가족을 잃은 응우옌티탄 씨는 홀로 남겨졌다. 그날 이렇게 학살된 하미 마을 주민은 135명이었다. 베트남 병원에는 부상자가 많아 누울 침대도 없이 그렇게 병원 밖 마당에 있었다고 한다. 얼마 후 고아원으로 보내졌고, 더는 고아원에서 지낼 수 없게 되자 남의 집에서 머슴살이를 시작했다. 학교를 다닐 수도 없었다. 학교에 간 것은 스무 살 무렵인 베트남이 통일(1976년)된 후였다고 한다. 지금까지 넉넉하지 않은 삶. 그렇게 그가 받은 피해는 어쩌면 그의 전 생애로 이어진 셈이었다.

또 다른 응우예티탄 씨는 1968년 당시 여덟 살이었다. 그해 퐁
니 마을에서 한국군들의 총칼에 눈앞에서 어머니와 언니, 그리
고 남동생이 살해되었다. 자신 역시 배에 큰 흉터가 남았다. 두 명
의 응우옌티탄 씨 가운데 한국 정부를 상대로 손해배상 청구를
한 유일한 베트남 사람이기도 하다. 그는 손해배상 청구를 한 지
3년 만인 2022년 2월 7일, 우리 법원으로부터 한국 정부가 3000
만 100원을 배상하라는 1심 판결을 받았다. 그의 편에서 소송을
대리했던 변호사는 그 의미를 이렇게 평가했다.

> 이번 판결은 1968년 2월 12일 오전 10시부터 오후 1시 사
> 이에 퐁니 마을에 들어가서 마을 주민을 학살한 것이 사실
> 이라고 인정한 거예요. 그러니까 작전 중에 대한민국 군인
> 이 저지른 불법행위이기 때문에 개인의 범죄가 아니고 대한
> 민국 국가의 책임이라는 것을 명시했다는 데 의미가 있는
> 거죠. 이선경(주심 변호사, 응우옌티탄 씨 대리인)

배상액이 3000만 100원인 것은, 피해를 산정한 수치가 아니라
원고가 '판결문'을 받을 수 있는 최소 금액을 청구했기 때문이다.
배상액이 3000만 원 이하일 때는 소액 사건으로 분류되어 판결
이유가 나오지 않는다. 그래서 100원을 더 붙여 유무죄 판결만
받는 데 그치지 않고 판결문을 통해 우리 정부의 불법행위가 있

었다는 것을 밝히고 싶었다고 그는 부연했다.

다만, 판결문의 원고는 단 한 명뿐이었다. 그럴 수밖에 없었던 것은 또 다른 응우옌티탄 씨를 포함해 다른 피해자들은 증거가 남아 있지 않아 함께 이름을 올리기도, 앞으로 소송을 하기도 사실상 쉽지 않은 상황이기 때문이다.

증거 문제 때문에 원고로 추가하지 못했어요. 퐁니 마을 같은 경우에는 정말 기적처럼 사건 발생 당시 그 옆을 지나가던 미군들이 그걸 보고 현장에 들어가서 사진을 찍은 거예요. (미군들이) 사진을 찍고 총소리가 들리니까 알아보려고 상부에 전화했더니, "거기 지금 한국군 작전 중이니까 들어가지 말라"고 한 거예요. **이선경**

민간인 학살 피해자 대부분은 알고 있었다. 학살의 증거가 남지 않아 배상을 받기가 사실상 불가능하다는 것을. 하지만 이들은 자신의 삶을 송두리째 바꿔 놓은 그날에 대해 한국 정부의 진정한 사과를 원하고 있었다.

보상은 일부에 불과합니다. 제가 사실 가장 원하는 것이 뭐냐면 한국 정부가 학살의 진실을 인정해 주는 것입니다. 사과 한마디를 듣고 싶은 것입니다. 그 사과를 받아야 아마도 이런 아픔, 이런 고통이 좀 가라앉지 않을까 그런 생각이 듭니다. 응우옌티탄(베트남 하미 마을 민간인 학살 생존자)

실제로 이들은 2019년 청와대에 국민청원을 내며 사과를 요구했지만, 우리 정부는 아직 베트남 민간인 학살을 공식적으로 인정하지 않고 있다. 학살 자체를 인정하지 않고 있기에 한국 정부가 나서서 파악한 공식 통계도 없다. 다만 시민단체가 나서서 파악한 통계만 있을 뿐이다. 이 사건을 가장 먼저 파헤친 유학생 구수정 씨가 속한 시민 단체(한베평화재단)가 나서서 파악한 학살 규모는 베트남 다섯 개 성 지역에서 80여 건으로, 학살된 민간인은 최소 9000명이다. 이 가운데 0.01% 수준인 단 한 명만이 이제 그 피해를 인정받을 길이 열린 셈이었다. 구수정 이사는 당시 파악한 학살자 명단을 보여주었는데, 몇 권 분량의 책으로 된 이름 속에 유독 많이 보이는 표현이 있었다. 바로 '보잔'이었다.

'보잔'이라고 하는 것은 베트남어로 무명이라는 뜻이에요. 갓 태어나서 아직 이름을 얻지 못한 아기들이 죽어간 게 학살이었습니다. 구수정(한베평화재단 이사)

피해자들이 민간인이 아니었다는 주장도 있지만, 두 명의 응우옌티탄 씨가 있었던 두 마을만 보더라도 희생자 209명 가운데

20~51세의 남성은 1.4%로 단 세 명뿐이었다. 10세 이하의 아이가 39.7%였고, 전체 희생자의 70.3%가 여성이었다.

국내에는 베트남 희생자를 기리는 '베트남 피에타'상이 있다. 시민 단체인 한베평화재단이 베트남전 종전 42주년을 맞아 세운 동상이다. 아이를 안고 있는 어머니의 모습인데, 일본군 위안부 피해자를 기리는 '평화의 소녀상' 옆에 잠시나마 나란히 설치된 적이 있다. 두 조각상을 만든 작가가 같았기에 가능했던 일인데, 의미하는 바가 적지 않다. 소녀상은 우리가 피해자로서 일본 정부를 향해 진정한 사과와 배상을 원하고 있고, 피에타상은 우리를 향해 그들이 외치고 있기 때문이다. 이번 판결이 우리가 일본과 다른 길을 갈 수 있는 첫걸음이 되기를 바란다는 목소리가 나오는 이유다. 베트남 문제 해결을 원하는 이들은 적어도 우리 정부 차원의 진상 조사가 필요하다는 목소리를 50년이 지난 지금 내고 있었다.

0.08%

'그린 워싱' 시정 조치 비율

"친환경이 붙으면 잘 팔리죠.
특히 '비건'은 놓칠 수 없죠."

2023년 여름, 미국에서 휴가를 보내면서 충격을 받은 것은 다름
아닌 쓰레기 처리였다. 국내에서 분리수거할 때 라벨을 떼는 건
물론 플라스틱을 줄이고자 고체 세제를 사용했던 나는 적잖이
충격에 빠졌다. 각 가정에서는 음식물을 제외하고는 재활용품을
분리배출하지 않았고, 공공장소에서도 분리수거함이 잘 보이지
않았다. 일회용품 사용도 빈번했다. 세계 인구 3위인 미 대륙에서
이럴진대, 작은 한반도 내에서 플라스틱에 붙은 라벨을 떼어 왔
던 내 모습이 허무하게 느껴졌다. 비단 미국의 사례를 들지 않더
라도 현대인들이 환경보호를 하는 데 가장 큰 걸림돌이 바로 이
런 생각인 것 같다. '내가 이렇게 (환경보호를) 한다고 달라질까?'
  하지만 환경을 보호하지 않아도 된다고까지 생각하는 사람은

없다. 그리고 이왕이면 환경까지 생각한 제품을 사야겠다는 심리는 이미 광고로 스며든 지 오래다. 그런데 친환경인 것처럼 홍보하는 위장 환경주의, '그린 워싱(green washing)'으로 불리는, 쉽게 말해 '가짜 친환경' 제품이 국내에 급증하고 있었다. 환경부가 2022년 한 해에 적발한 그린 워싱(부당 환경성 표시·광고로 적발된) 제품은 4558건이었다. 2021년에는 272건이었으니 전년 대비 16.8배, 한마디로 폭증하고 있었다.

4558건의 대다수가 문구와 목욕 용품, 완구 그리고 물티슈 같은 생활용품이었다. 대표적으로 물티슈에 '100% 생분해'라고 써서 팔거나, 어린이가 주로 쓰는 완구에 '무독성', '인체 무해' 같은 표현을 쓰는 것이 문제가 되어 적발되었다. 환경부는 환경과 관련한 거짓이나 과장, 기만 광고를 할 수 없도록 하는 현행법(환경기

적발된 '그린 워싱' 제품 (건)

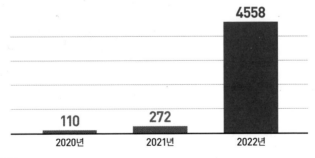

4558

110   272

2020년   2021년   2022년

출처 환경부

적발된 '그린 워싱' 제품 중 시정 조치를 받은 비율

0.08%
시정 조치 | 4건
행정지도 | 4554건

출처 환경부(2022년 기준)

술 및 환경산업 지원법)에 따라 이를 조사하고 있다. 또 이를 어길 시 시정 명령이나 과징금, 2년 이하의 징역 또는 2000만 원 이하의 벌금에 처할 수 있지만, 현실적으로 그런 예는 거의 없었다. 고의 성을 입증하기가 어렵기 때문에 단순 부주의로 보고 행정지도로 그치는 것이 현실이었다. 실제로 2022년 적발된 사례에 대해서도 시정 명령 조치가 내려진 것은 4558건 가운데 0.08%인 단 네 건 에 불과했다. 나머지는 모두 권고 수준인 행정지도에 그쳤다.

대형 마트로 가서 살펴보았다. '자연', '그린', '에코'가 붙지 않은 제품을 찾기 어려울 정도였다. 제품이 너무 많아, 환경부가 이미 그린 워싱으로 적발했던 제품을 중심으로 살펴보기로 했다. 다 만 환경부는 적발한 제품 명단을 공개하지 않고 있어서 과거 기 사를 통해 알려진 일부 제품만 확인할 수 있었다. 그런데 이 제품 들, 문구가 조금 바뀐 것 같긴 한데 뭐가 바뀌었는지 한참을 살펴 봐야 할 정도로 표현의 차이를 알아차리기가 쉽지 않았다.

문제가 되었던 표현은 "생분해되는 100% 자연 유래 레이온 물티슈"였는데, 그 후 수정된 문구는 "45일 이내 100% 생분해되는 레이온 물티슈"였다. 100% 생분해 앞에 '45일 이내'라는 표현이 추가되었고, '자연 유래'라는 문구는 빠졌다. 전문가가 보기에도 그 차이를 구분하기는 쉽지 않았다. 게다가 바뀐 문장에도 문제가 있다는 지적도 나왔다.

> 45일 내에 100% 생분해된다고 하면, 소비자들이 이 제품을 아무 데나 버려도 100% 자연 분해가 된다는 느낌으로 오해할 소지가 분명히 있고요. 그리고 애당초 (물티슈의 소재인) 레이온 자체의 원료는 나무나 이런 데서 추출하는 물질인 건 맞지만 화학적 처리를 통해 만들기 때문에 공정이 친환경적이지 않습니다. 황성연(경희대 식물·환경신소재공학과 교수)

'생분해'라는 표현 자체가 특정 조건, 즉 미생물이 있는 상태에서 분해되는 과정을 이야기하는 것인데, 자연 분해처럼 인식되는 점을 이용해 광고하고 있었다. 또 레이온 소재 자체는 나무에서 유래했지만, 이를 물티슈로 만들기 위해서는 독한 독성 물질을 많이 사용하기 때문에 제조 과정도 이미 친환경적이지 않다. 그렇기 때문에 '물티슈'라는 제품 자체가 '친환경'적이기 어렵지만 친환경 제품인 것처럼 홍보하고 있었던 것이다. 물론 다른 물티슈 제품들의 홍보 문구도 크게 다르지 않았다.

이와 비슷하게 화장품 업계에서는 '비건' 제품이 '친환경'으로 포장되고 있었다. '비건 = 친환경'인 것은 아니다. 비건 화장품이란 단지 동물성 또는 동물 유래 성분을 사용하지 않거나, 동물실험법을 적용하지 않고 만든 화장품을 뜻할 뿐이다. 게다가 시중에 유통되는 비건 화장품 중에는 친환경적이지 않은 성분이 포함된 것도 있었다.

'폴리에틸렌'은 미세플라스틱하고 관련되어 있습니다. 이 성분이 들어간 화장품을 쓰면 세안 후 미세플라스틱으로 되어 물고기에 들어가서 다시 인간한테 올 수 있는 그런 위험성이 있죠. 피부에는 문제가 없더라도 친환경적이라고 보긴 어렵죠. 양재찬(목원대학교 생의약화장품학부 교수)

게다가 화장품 용기는 환경을 오염시키기 쉽다. 대체로 아예 재활용이 되지 않는 용기에 담겨 판매되는 경우가 흔하기 때문이다. '비건'을 앞세워 친환경적인 것처럼 광고하지만 정작 재활용조차 되지 않는 용기에 담겨 있는 비건 화장품을 불행히도 어렵지 않게 볼 수 있었다.

(화장품) 내용물보다는 용기나 포장재 부분이 훨씬 더 많은 탄소를 발생시키는 부분이라고 생각하고 있지만, 현재 화장

품 용기의 경우 재활용률이 다른 어떤 포장지보다도 상당히 낮지만 올라가지 않고 있는 게 현실입니다. 양재찬

엄밀한 의미에서는 잘못된 광고들이지만, 이런 환경에서 기업에게 선의만을 기대하기도 어려운 형국이다. 해외의 경우, 프랑스는 2021년 세계 최초로 그린 워싱 벌금을 법제화했고, 유럽연합(EU)은 친환경 광고를 하려는 기업에 대해 전 과정 평가를 통해 친환경성을 입증하는 것은 물론 제3자 기관으로부터 과학적 근거를 검증받도록 하는 내용의 입법화가 진행 중이다.

한국은 기준도 까다롭지 않지만, 적발된다고 해도 권고에 그치는 환경에서 그린 워싱 제품이 우리 생활 속에 점점 더 깊숙이 침투해 있는 건 아닐까. 2023년 4월 환경부는 보도 자료를 내고 문제 제기에 공감하며 앞으로 시정 조치를 하겠다고 밝혔다. 작은 변화가 모여 미래 세대에게 조금이라도 덜 오염된 '진짜 그린' 환경을 물려주어야 하지 않을까. 그런 생각으로 오늘도 플라스틱에 붙은 라벨을 떼고 분리수거에 동참하고 있다.

0.3%

'반지하' 탈출 확률

폭우가 드러낸 도시의 낮은 곳

2022년 8월의 여름. 15년 만의 기록적인 폭우가 들춰낸 도시의 낮은 곳, 영화 〈기생충〉으로 유명해진 한국의 '반지하'였다. 그해 여름 폭우로 반지하에서만 네 명이 목숨을 잃었다. 이 중 세 명은 서울 신림동의 반지하에 살고 있던 일가족이었다. 이들은 빗물이 집 안에 가득 차 목숨을 잃었다. 순식간에 차오른 빗물 때문에 출입문이 열리지 않았고, 평상시 방범창이었던 창문의 창살은 이날 탈출을 막고 구조를 지연하는 창살이 되었다. 인근 주민들도 구조에 나섰지만, 차오른 빗물이 짧은 시간에 2미터를 훌쩍 넘어선 바람에 실패했다. 결국 이날 폭우로 서울에서 모두 여덟 명이 목숨을 잃었는데, 그중 절반이 반지하 거주민이었다. 너무나 안타까운 죽음에 서울시는 '2042년까지 20년에 걸쳐 반지하를 없애겠다'는 대책을 내놓았다. 과거에도 반지하 거주민들을 지상으로 옮길 수 있도록 지원해 왔지만, 이번 정책 목표는 반지하를 장기적으로 없애겠다는 것이 핵심이었다.

무엇보다 이러한 정책에 대해 반지하 거주민들은 어떻게 생각하는지 듣고 싶었다. 이들의 의견을 듣기 위해 반지하 침수 피해 현장에 도착했을 때, 가장 강렬했던 것은 바로 '악취'였다. 뉴스에서도 접한 익숙한 풍경이 눈앞에 펼쳐졌는데, 악취는 예상하지 못했다. 폭우로 하수가 역류하면서 각종 오물이 올라왔던 것이었다. 빗물과 함께 오물을 뒤집어 쓴 채 못 쓰게 된 집기들은 그렇게 지독한 냄새를 풍기며 한쪽에 산처럼 쌓여 있었다. 수해를 입은 한 50대 여성은 '귀한 물건들인데 이제 다 쓰지 못하게 되었다'고 안타까워하며 비에 젖은 물건들을 보여주었다. 그런데 모두 너무 낡은 것들이라 마음이 더 무거웠던 곳, 바로 서울 한복판의 반지하 현장이었다. 반지하 거주민들은 그동안에도 번번이 지원받기가 힘들었다며 서울시 대책에 대한 기대가 크지 않아 보였다.

> 그렇게 되면(서울시가 제시한 정책대로 공공임대주택으로 이전하게 되면) 좋겠지만 그렇게 될까요? 그동안에도 이주하려면 조건이 많더라고요. 그래서 그동안 임대 아파트는 제가 여러 번 신청했는데, 매번 떨어지더라고요. **반지하 거주 50대 직장인(서울시 동작구 상도동)**

문제는 이들 모두 그날 폭우의 기억 때문에 더 이상 반지하에서 사는 것도 쉽지 않은 선택이 되었다는 것이다.

(물이) 진짜 갑자기 들이닥쳤거든요. 변기부터 역류했어요. 무릎까지 (물이) 계속 올라오고 있었고, 이제 나가야겠다 싶어서 신발도 없이 올라갔거든요. 반지하 거주 20대 대학생(서울시 동작구 상도동)

제 귀까지 물이 올라왔더라고요. 저도 막막한 상태예요. 다시 여기 들어와서 산다고 생각하면 무섭고…… 주위에서 "너 지하에서 나와야 하지 않냐" 이렇게 얘기하는데, 그게 사실 뭐 쉽게 나올 수 있었으면 지하에 살지 않았죠, 처음부터. 반지하 거주 50대 직장인(서울시 동작구 상도동)

일단 서울시가 말한, '없애야 한다'는 반지하 가구가 얼마나 되는지 살펴보았다. 서울에서 지하나 반지하에 사는 가구는 20만 849가구(통계청, 2020년)였다. 서울시 전체 가구의 5%나 되었는데, 20만 가구는 강남구 전체 가구 수(23만 5147가구, 통계청, 2022년 7월)에 맞먹는 수치다. 서울의 비싼 집값을 감당할 수는 없고, 직장과 멀지 않은 곳을 찾다가 반지하를 택한 사람들이 생각보다 꽤 많았던 것이다. 그런데 그동안 반지하 지원 정책의 혜택을 받은 가구 수가 너무 미미했다. 2021년 기준 서울에서 반지하를 벗어난 가구는 단 650가구(국토교통부)에 불과했다. 서울시 내 지하나 반지하에 거주하고 있는 가구 가운데 0.3% 수준이었다.

이제까지 반지하에서 옮긴 가구가 0.3%밖에 안 됐던 것은 새로운 거주지가 부족해서였다. 즉, 도심에 공공임대주택 수를 무한정 늘리기 어려웠기 때문이다. 실제로 2021년 서울에 새롭게 공급된 공공임대주택은 반지하 가구의 10%대 수준인 2만 7700가구(국토교통부)에 그쳤다. 공공임대주택에 반지하 가구만 이주시키는 것도 아닌 만큼 공급은 턱없이 부족했던 것이다.

서울시 대책에 부정적인 전망이 나왔던 것도 이 때문이다. 공급하고 싶어도 공급이 턱없이 부족한 것이 현실이다. 앞으로 주거지를 위한 반지하 건축은 허가 자체를 내주지 않는 방식으로 유입을 막는 데 성공한다 하더라도, 이미 존재하는 반지하 20여 만 가구에 대해서 공공임대주택을 통해 지상으로 이전하겠다는 대책에 부정적 전망이 이어질 수밖에 없는 이유다.

서울시에서는 이들이 반지하에서 지상 공공임대주택으로 이주할 경우 지원금을 월 최대 20만 원까지(최장 2년까지) 늘린 상태다. 공공임대주택을 찾는 것도 어렵지만, 구한다고 해도 늘어나는 임차보증금과 임대료를 감당하기에는 현실적으로 부족한 금액이다. 하지만 더 큰 문제는 이러한 대책을 통해 만에 하나 반지하를 줄이거나 없애는 데 성공한다고 해도, 반지하와 함께 '지옥고(반지하,

옥탑방, 고시원)'로 불리는 고시원과 옥탑방 같은 또 다른 주거 취약층 양산으로 이어질 수 있다는 점이다.

"지하를 없앤다고 개발을 하면 고시원이 느는 문제가 이미 우리 사회에서 발생했어요. 2010년과 2015년 사이에 지하는 52만 가구에서 36만 가구로 많이 줄었지만, 그때 고시원이 포함된 주택이 13만 가구에서 39만 가구로 급증했거든요." 최은영(한국도시연구소장)

이 때문에 반지하 문제를 거시적으로 보고, 결과적으로는 대책이 좀 더 세분화될 필요가 있다는 지적이 나온다. 실제로 '반지하'라고 모두 거주 환경이 열악하다고 보기 어렵고, 모두가 세입자인 것도 아니다. 비교적 안전한 형태의 반지하도 있고, 세입자가 아닌 자가 형태인 반지하도 있기 때문이다. 하지만 현재 서울시의 반지하 관련 주요 정책인 공공임대주택 공급과 주거비 지원은 모두 '세입자'에만 해당하는 정책이다. 그렇기 때문에 일단 국내 반지하에 대한 면밀한 분석이 전제되어야 한다. 이를 바탕으로 반지하뿐 아니라 옥탑방과 고시원처럼 반지하와 연동되어 있는 주거 취약 계층을 대상으로 한 대책이 필요하다.

흥미로운 것은 반지하 문제에 전혀 다른 접근을 한 미국의 사례였다. 미국을 포함한 해외에 반지하가 없는 것은 아니었다. 미국 뉴욕에도 반지하는 존재한다. 그런데 폭우로 반지하에서 사망자가 발생한 뉴욕주의 경우, 반지하를 없애는 것은 비현실적이라고 진단하고 오히려 불법인 반지하 주거지를 합법화하고 현실적인 지원을 하겠다는 대책이 언급되었다.

> 뉴욕주의 대응은 우리나라하고 굉장히 다르더라고요. 우리나라는 지금 반지하가 불법 주택은 아니에요. 그런데 뉴욕은 불법 주택이었는데, 앞으로는 이를 양성화하고 막대한 재정을 투입해 지원하고 규제하는 방식으로 가려고 하더라고요. 뉴욕의 반지하 가구 규모는 서울의 절반 수준인 10만 가구인데 이것을 없애는 것은 비현실적이라고 보는 것에 비해, 우리나라는 20만 가구이지만 없애는 게 가능하다고 보고 있는 것이죠. 최은영

정반대의 현실 인식과 함께 전혀 다른 대책이 나왔다. 이러한 현실 속에서 지하에서 지상으로 옮겨 간 가구 수는 2021년 약 650가구(서울 기준)로, 전체 반지하 가구 가운데 0.3%인 것이 우리의 현실이다. 반지하의 주거 환경에 대해 면밀하게 분석하고 세밀한 접근을 통한 지원이 이루어지지 않는다면, '반지하 폭탄 돌리기'에 불과하다는 지적이 나오는 이유다.

0.4%

인파 대비 필요 경비 인력 비율

제2의 '이태원 참사'를 막으려면?

그날 새벽 4시쯤 잠에서 깼다. 아이를 재운다고, 토요일 밤이기도 해서 평소보다 일찍 잠에 들었다. 그런데 눈을 떠보니 휴대폰에는 수백 개의 카카오톡 메시지가 쌓여 있었다. '뭔 일이 있구나' 철렁한 마음으로 읽어내려 가는데, 현실이라고는 믿기 힘든 사진과 영상, 그리고 메시지들이었다. 모든 것이 너무 비현실적이었고, 너무 늦게 알았다는 자책감에 회사로 향하는 내내 머리가 멍한 느낌이었다. 그리고 그날로부터 어느덧 일 년 가까운 시간이 지났다. 그날의 참사로 책임을 지거나 형사처벌 조치를 받은 사람은 아직 한 명도 없다. 누구 하나 처벌을 받기는커녕 뚜렷한 제도 개선 역시 명확하게 이뤄진 것이 없다. 이런 가운데 이태원 참사 유가족들은 삼보일배를 하면서 '진상을 제대로 규명하자'며 특별법 제정을 요

핼러윈 행사일 이태원역 이용자 수 (승하차 명수)

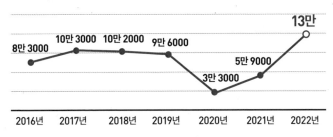

8만 3000
10만 3000
10만 2000
9만 6000
13만
5만 9000
3만 3000

2016년 2017년 2018년 2019년 2020년 2021년 2022년

출처 서울메트로(2017~2022년)·공공데이터포털(2016년)

이태원 경찰 배치 인원 (명)

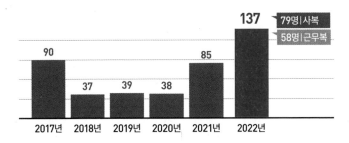

137
79명 | 사복
58명 | 근무복
90
37 39 38
85

2017년 2018년 2019년 2020년 2021년 2022년

출처 이성만 의원실

구하고 있다. 서울 한복판에서 축제를 즐기다가 길거리에서 159명
이 압사하는 유례없는 일이 발생했지만, 사고 이후의 우리 사회는
별다른 변화 없이 익숙한 모습으로 흘러가고 있다는 생각을 지우
기 힘들다. 시간을 되돌린다면 사고를 피할 수 있을까?

'이태원 참사'가 일어난 2022년 10월 29일의 이태원역 이용객은
13만 명이었다. 핼러윈을 즐기기 위해 10월의 마지막 토요일 이태

원역에서 승하차한 인원을 기준으로 보면, 역대 최대 인파가 몰렸다. 이태원역을 이용하지 않고 그곳에 갔던 사람들까지 더하면 훨씬 더 많은 인원이 있었을 것으로 추정된다. 다만, 코로나를 겪었던 앞선 두 해를 제외하면 2017년부터 이미 10만 명 넘는 사람이 핼러윈을 즐기기 위해 이태원을 찾아왔다. 그러니까 이날은 역 이용객 기준으로 최소 3만 명이 더 모인 것이 참사로 이어진 셈이다.

3만 명 증가 외에 그동안의 안전 대책과 차이는 없었는지도 따져 보았다. 결과적으로 과거의 대책과 비교했을 때 큰 차이가 없었다. 최대 인파가 모일 것으로 예상되었지만, 사고 우려에 대한 긴장감은 찾아보기 힘들었다. 구체적인 내용을 살펴보면 이랬다. 그동안 경찰은 핼러윈을 앞두고 사전에 대책 보고서를 작성하고 현장에 경찰 인력을 배치해 왔다. 참사가 발생한 2022년에 인력은 137명으로 2017년 이후 가장 많았다. 하지만 마약 단속 등 불법 행위 단속에 집중해 인파 분산을 위한 경찰 배치는 이 중 일부에 그쳤다. 혼잡 관리나 인파 분산을 위해서는 사복이 아닌 근무복을 입은 경찰이 필수적인데, 실제로 137명 가운데 근무복을 입은 경찰관은 절반도 안 되는 58명이었다. 과거보다 퇴보한 부분도 있었다. 경찰의 대책 보고서에서는 이미 2017년에도 이태원 참사가 발생했던 '해밀턴 호텔 일대'를 혼잡 예상 지역으로 적시했다. 2021년에는 전자식 호루라기 등을 이용해 인파를 분산하라는 내용 등이 있었지만, 2022년에는 이런 내용이 모두 빠져 있었다. 참사의 결정적 요인으로 보기 어려울 수 있지만, 어찌 되었건 코로나19로 인한 거리두기 해제 이후 첫 핼러윈이었는데도 대책 보고서에서는 이에 대한 긴장감을 어디서도 찾아보기 어려웠다는 것은 자명해 보였다.

제도적 허점도 있었다. 핼러윈은 '주최자가 없는 행사'라는 이유로 그동안 안전 관리 매뉴얼조차 없었다. 안전 관리의 책임자 역시 없었다. 그만큼 늘 사고의 위험이 있었던 것이다. '주최자가 없는 행사의 경우, 지자체장이 안전에 책임을 진다'는 내용의 이태원 참사 재발 방지법(재난안전관리기본법 개정안)은 참사 후 1년여 시간이 지난 2023년 말에야 국회를 통과했다. 제도의 공백 속에서 2022년 이태원 핼러윈 축제에는 주최가 있는 공연 등과 다르게 경찰 기동대는 사전에 배치되지 않았고, 재난 발생 시 컨트롤타워 역할을 해야 하는 지자체도 나서지 않았다. 엎친 데 덮친 격으로 이날은 소방과 경찰의 지휘 체계까지 무너지면서 끝내 참사로 이어졌던 것이다.

해외에도 압사 사고가 없었던 건 아니다. 오래된 과거로 거슬러 올라가지 않더라도 2000년 이후 선진국에서도 압사 사고가 발생했는데, 일본은 효고현 아카시시에서 2001년 11명이 불꽃놀이를 보러 갔다가 압사로 목숨을 잃었다. 그 후 일본은 '혼잡 경비 매뉴얼'을 만들고, 관련 법도 개정했다. 특히 주최자가 없는 행사에 대해서도 지자체와 경찰, 소방 등이 별도의 안전 대책을 수

립하도록 하는 내용을 조례에 넣었다. 4년에 걸친 작업이었다.

이때 만들어진 메뉴얼을 살펴보니, 1제곱미터당 인원수에 따라 위험도를 구분하고, 이태원 사고에서처럼 통행로가 직각으로 꺾어지면서 더 좁아지고 경사까지 있으면 가장 위험하다고 되어 있었다. 인구가 밀집할 수 있는 다양한 경우의 수를 나눠 세세하게 대응하도록 되어 있는 것이 핵심이었다.

> 군중 사고를 막기 위해서는 많은 사람이 한곳에 모이지 않게 하는 것이 가장 중요합니다. 그렇기 때문에 매뉴얼에도 사람들이 한곳에 모이지 않게 하기 위해 무엇을 해야 하는지에 대해 쓰여 있죠. 예를 들어, 이번 이태원 사고 지점의 경우 길이 폭이 3미터 정도 됐죠. 사람 어깨가 50센티미터인데, 그러면 여섯 명밖에 못 있게 되죠. 이때 양방 통행을 하면 사람이 쌓이기 굉장히 쉽습니다. 일본의 혼잡 경비 계획이라면 '일방통행'을 하도록 했을 것입니다. 가와구치 도시히로
> (간사이대학교 사회안전학부 교수)

미국 역시 2003년 시카고의 나이트클럽에서 21명이 사망한 압사 사고가 나고 2년 뒤에 257쪽 분량의 안전 매뉴얼을 마련했다. 이 매뉴얼에서는 면적 1제곱미터당 다섯 명이 넘어서는 순간부터 안전사고 가능성이 높아진다고 진단했다. 이태원 참사 당시

1제곱미터당 인원은 16명이나 되었다. 물론 매뉴얼의 유무가 참사의 결정적 원인이었다고 보기 힘들 수 있다. 하지만 한 사회가 얼마나 사고에 미리 대비를 해놓았는지, 그 사실 자체가 그 사회의 안전 의식을 보여주는 단면일 수 있다. 우리 사회에서는 제도의 공백 속에서 정부의 안전 의식마저 허술해져 있었던 것이다.

> 법률로 몇 명 이상 배치하는 경비 계획만이 중요한 것이 아니라, 지자체든 경찰이든 진지하게 생각해서 사전에 대책을 마련하도록 하는 것이 중요합니다. 이태원의 경우, 현지 경찰이 사전에 위험하다고 보고했는데도 왜 시스템이 작동하지 않았는지 생각해 볼 필요가 있습니다. 법률보다도 의식 개선의 문제가 중요하다고 생각합니다. **가와구치 도시히로**

대비책이 부실했던 상황에서, 현장에 배치된 인력은 경찰 137명을 모두 더한다고 해도 전체 인파의 0.1% 수준이었다. 미국의 화재예방협회는 250명이 모이면 1명의 관리자, 즉 인파의 0.4%는 관리자로 필요하다고 규정한다.

이태원 참사 당시 인파 분산을 위해 현장에서 고군분투하던 이태원 파출소의 경찰들. 파출소 인력만으로는 감당할 수 없는 상황에서, 대비책과 컨트롤타워마저 무너지면서 159명의 청년들이 안타깝게 목숨을 잃었던 것이다.

1%

전 세계 사이코패스 비율*

끔찍한 범죄를 막으려면?

2023년 한국 사회는 연이은 '사이코패스(Psychopath)'의 등장으로 술렁였다. 강렬한 등장은 정유정이었다. 1999년생으로 당시 스물세 살이었던 정유정은 일면식도 없는 또래 여성을 잔인하게 살해해 유기했다. 정유정이 캐리어를 끌고 거리를 걷는 CCTV 영상이 공개되었다. 흥분한 듯한 걸음걸이의 정유정에게 뚜렷한 범행 동기가 없었다는 점이 보도되면서 공포감은 더욱 커졌다. 그리고 얼마 지나지 않아 정유정이 사이코패스라는 얘기가 흘러나왔다. 실제로 수사 과정에서 사이코패스 진단 검사(PCL-R)가 진행되면

* Hare, R. D., "Psychopathy: A Clinical Constance Whose Time Has Come", *Criminal Justice and Behavior*, March 1996.

서, '스무 명을 살해한 연쇄살인마 유영철보다도 점수가 높다더라'
라는 식으로 이야기가 번져 나갔다. 그리고 두 달도 되지 않아 또
다른 '사이코패스'가 등장했다. 이번에는 신림역 인근에서 일면식
도 없는 스물두 살 청년을 찔러 살해한 서른세 살 남성 조선이었
다. 그 역시 사이코패스라는 얘기가 또다시 나왔다.

많은 사람이 이런 범죄가 벌어지면 꼭 붙이는 말이 있어요.
'사이코패스일 거야.' 그렇게 사이코패스일 거라고 말하는
건 사이코패스이길 바란다는 얘기일 수 있어요. 그럼 왜 대
중은 극악한 범죄를 저지른 사람이 사이코패스이길 바랄까
요? 우리 주변에 있는 평범한 사람이 저런 범죄를 저지를
거라고 생각하면 너무 무섭거든요. 사이코패스라고 하는 정
말 병적인 집단이 있고, 그 집단만 이런 행동을 할 거라고
생각하면 한편으로는 일반적인 평범한 내 이웃을 믿고 살
아갈 수 있는 것이죠. 김태경(서원대 상담심리학과 교수)

연이은 사이코패스의 등장을 보면서 가장 먼저 든 생각은 '언
제부터 우리나라에 이렇게 사이코패스가 많아졌지?', '사이코패
스는 서양 공포영화에서나 나올 법한 일이었는데'였다. 사이코패
스가 등장하면 교묘하게 본질은 숨겨졌다. 사이코패스이거나 아
니거나 잔인한 수법으로 누군가 영문도 모른 채 목숨을 잃었다

는 본질은 전혀 달라지지 않기 때문이다. 사이코패스 여부는 범죄자의 양형에도 영향을 미치지 못한다.

(사이코패스 여부가) 양형에는 영향을 미치는 게 없습니다. 다만 이제 그 사람이 사이코패스 기질이 있다 없다라고 하는 것을 가지고 범행 동기를 우리가 이해하고 또 수사를 해 나가는 데 있어서 도움이 되는 그런 것이죠. (그렇기 때문에) 모든 범죄자에 대해 사이코패스 검사를 하는 것은 아닙니다. 오윤성(순천향대학교 경찰행정학과 교수)

그럼에도 불구하고 사이코패스를 주제로 다룬 것은 사이코패스도 '조현병'처럼 약물로 적절하게 관리할 수 있지 않을까, 모든 사이코패스가 살인을 저지르지는 않을 텐데 어떤 제도적 노력으로 살인을 줄일 수도 있지는 않을까 하는 생각 때문이었다. 결론부터 말하면, 전문가들의 판단은 부정적이었다. 사이코패스의 특징에 그 이유가 있었다.

사이코패스는 일반적으로 행동이 자기중심적이고, 비윤리적이고, 그리고 나쁜 짓을 해도 죄책감이나 이런 것도 가지지 않죠. 행동은 좀 충동적이고, 적대적이고, 그리고 다른 사람에 대해 공감 능력이 떨어지기 때문에 친밀한 관계를

가지기 어려운 특징을 가진 사람을 말합니다. 권준수(서울대학

병원 정신건강의학과 교수)

사이코패스의 가장 큰 특징은 대인 관계를 맺는 것이 아예 불
가능하다는 점이다. 그렇기 때문에 약물 치료를 받으려면 일단
병원을 찾아야 하는데, 사이코패스는 조현병 환자와 달리 대인
관계를 맺지 못하고 무엇보다 스스로 문제가 있다고 생각해 병원
을 찾기도 어렵다. 참고로, 사이코패스는 의학 용어가 아니며 의
학적으로는 '반사회적 인격 장애'로 분류한다. 통상 그중에서도
극단적인 경우를 '사이코패스'라고 하고, 정도가 약한 쪽은 '소시
오패스'라고 한다. '소시오패스'는 사이코패스와 달리 대인 관계가
가능하기 때문에 사회적으로 성공한 사람 중에 소시오패스가 있
을 가능성도 언급된다. 소시오패스는 본인의 욕망을 위해 다른
사람들과 어울리며, 거짓말을 하는 것은 물론 치밀하게 계획을
세워 사기를 칠 수도 있기 때문이다. 어찌 되었건 사이코 패스를
약물 치료로 관리하는 것은 현실적으로는 불가능해 보인다.

그렇다면 이들의 살인을 억제할 수 있는 사회적 안전 관리망은
어떤가. 일단, 사이코패스를 학문적으로 분석한 박사가 있었다.
캐나다 범죄심리학 박사인 로버트 D. 헤어(Robert D. Hare) 교수는
전 세계 인구 가운데 1%가량이 사이코패스라고 보았다. 특히 교
도소 수감자로만 국한하면, 이 비율은 최대 25%까지 늘어난다고

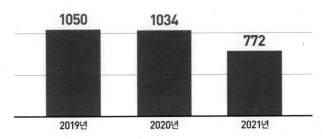

한국의 살인범 (명)

1050 (2019년)
1034 (2020년)
772 (2021년)

출처 검찰청, 범죄 분석 통계

보았다. 중범죄자 수용 시설로 더 좁히면, 80~90%가 사이코패스라고 한다. 물론 한국 사람들을 대상으로 분석한 것은 아니었다. 그러나 전 세계 1%의 인구가 사이코패스라고 보았을 때 한국으로만 국한하면 51만여 명이지만, 2021년 기준 한국의 살인범은 772명으로 인구 1%에는 훨씬 못 미쳤다(검찰청, 범죄 분석 통계).

사이코패스의 행동을 '후천적 요소'로 통제할 수 있는지에 대한 전문가들의 분석 역시 부정적이었다. 다만 가능성은 높지 않지만, '환경적 요소'에 희망이 없는 것은 아니었다.

정신 질환은 60~70% 정도는 분명히 유전적인 요인 성향을 가지고 있다고 봅니다. 그렇지만 그런 사람들이 다 정신 질환이 되는 것은 아니죠. 가정 폭력이라든지 아동 학대라든지 이런 게 덧붙여지면 이제 그런 성향으로 발현이 되죠. 환

경을 좋게 해주면 발현이 안 될 수 있죠. 권준수

즉 사회 안전망 등의 환경적 요소가, 특히 성격이 형성되는 만 18세 이전에 제공된다면, 정도에 따라서 발현 가능성을 줄일 수 도 있다는 것이다. 잠시 정유정과 조선의 이야기로 돌아가면, 정 유정은 두 살 때 부모님이 이혼했고 그 후 어머니는 보지 못했다. 설상가상 아버지는 다섯 살 때 수감되어 10년 후에 출소했다. 그 사이 정유정은 할아버지와 새할머니 손에 자랐다. 조선 역시 부 모 없이 할머니와 단둘이 살며 유년시절을 보냈다. 물론 이러한 양육 환경이 그들의 잔인한 범죄를 정당화할 수는 없다. 다만, 사 회 안전망을 통해 부모가 없어도 이들이 비슷한 환경에서 자랄 수 있었느냐는 우리 사회가 풀어야 할 숙제다.

해외에서는 사이코패스를 어떻게 다룰지에 대한 자료가 꽤 많 이 있었는데, 일종의 가이드라인을 두어서 사이코패스 성향의 자 녀나 학생, 또 수용소의 수감자를 어떻게 대하고 교육해야 하는 지를 자세히 소개하고 있었다. 영국의 국립보건임상연구소(National Institute for Health and Care Excellence, NICE)는 '반사회적 인격 장 애'와 관련하여 예방과 관리 가이드라인을 세세하게 제공했다. 인 지 행동 요법과 약물 등 어떤 치료를 받으면 도움을 받을 수 있는 지도 상세하게 기술했는데, 다만 이 경우에도 지속적으로 노력해 도 결과가 바뀌지 않을 수 있다는 점을 명시했다. 또 성격이 형성되기 전인 소아의 경우 일찍 발견해서 치료하는 것이 중요하다는 점도 알리고 있었다.

우리는 앞으로 또 다른 '사이코패스'로 경악하게 될지도 모른다. 다만, 중요한 것은 사이코패스 여부가 아니라 사회적 안전망을 좀 더 촘촘하게 만들어 조금이라도 가능성을 낮추는 일일 것이다.

1.6%

소년원생 중 '만 13세 소년' 비중

소년원을 교육부가 아닌 법무부가 관리한다는
것의 의미

(부모님이 저) 인터뷰해도 된다는데요. 어차피 상관없어요.

16세 소년범

소년원에 갔다 왔거나 소년원 입소를 앞둔 아이들을 인터뷰하
면서 혹시 모르니 부모님에게 전화를 드려 허락을 받기로 했다.
그런데 통화를 마친 뒤 모든 아이가 하나같이 이렇게 대답했다.
의외였다. 최대한 현장의 목소리를 담고 싶은 나로서는 다행스러
운 일이었지만, 흔치 않은 일이었다. 일반인을 상대로 인터뷰하는
일은 생각보다 많은 설득이 필요하다. 하물며 소년원 이슈가 있는
아이들을 상대로 인터뷰를 한다고 하면, 혹시 그런 기록이 어디
에라도 남을까 아무리 얼굴과 목소리가 그대로 나가지 않도록 한

다고 설득해도 분명 거절을 당하겠구나 싶었는데, 어찌된 일인지 하나같이 '쿨하게' 허락했던 것이다. 아이들은 마치 이 상황을 예상이라도 한 듯 전화하기 전부터 "아, 어차피 되는데, 전화 안 해도 되는데……"라고 말했는데, 진짜 그랬다. 그것도 아주 짧은 통화에서. 그 후 본격적으로 인터뷰가 시작되자 한 아이가 한 말이 계속 마음에 걸렸다.

> (부모님이) 제가 뭘 하는지 관심을 가져 줬으면 좋겠어요. 아무도 관심이 없어요. 심지어 집에 없어도. 소년범

그 아이들을 만난 건 촉법소년 연령 하향 논의가 활발하게 벌어지던 2022년 말이었다. 현재 만 14세까지인 촉법소년 나이를 만 13세로 낮추겠다고 법무부는 발표했다. 이유는 크게 두 가지였다. 범죄를 저지르는 연령이 더 어려지고 있고, 더 잔인해지고 있다는 점이었다.

> 최근 촉법소년의 범죄가 증가하고 있고, 범행 수법이 흉포화되고 있는 것이 통계적으로 확인되고 있습니다. 소년원에 수용된 소년이 13세부터 급증하는 점…… 한동훈(법무부 장관, 2022년 10월 26일)

같은 시기에 인권 단체는 이 분석 자체가 사실이 아니라며 반대하고 있었다. 아예 진단 자체를 달리하고 있었다.

> 법무부가 통계를 자기들에게 유리한 방식으로 왜곡해서 활용하고 있는 것입니다. 오창익(인권연대 사무국장)

어느 쪽 의견이 맞는지 따져 보았다. 먼저 해마다 촉법소년의 범죄는 증가하고 있고 특히 만 10세, 11세, 12세보다 만 13세 소년의 범죄가 더 많은 것은 법무부의 주장대로였다. 그런데 최근 3년간 전국 소년원에 새로 들어간 원생 가운데, '만 13세'는 52명뿐이었다. 전체 소년범 중에서는 1.6% 수준이었다(법무부, 2019~2021년). 법무부는 13세 소년범들에 대해, 앞으로는 최대 소년원 2년의 보호'처분'이 아니라 교도소 수감과 같은 형사'처벌'도 가능하도록 해야 한다는 입장이다.

촉법소년 범죄의 수 자체가 늘었다는 것은 최근 5년간 대체로 증가해 법무부 발표대로였지만, 이들 범죄가 흉포화되었다고 단정하기는 어려워 보였다. 촉법소년들의 범죄를 들여다보면 절도와 폭력 등이 80%, 성폭력 등 강력 범죄 비율은 약 5% 수준에서 오르내렸다. 이러한 흐름은 최근 5년간 마찬가지였다. 다만, 촉법소년에 의한 강력 범죄가 해마다 꾸준히 발생하고 있다는 사실 자체를 부인하기는 힘든 상황이다.

촉법소년 범죄 현황 (%)

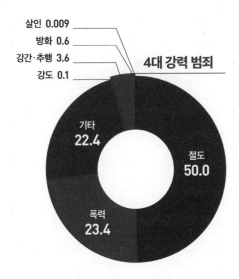

살인 0.009
방화 0.6
강간·추행 3.6
강도 0.1

4대 강력 범죄

기타
22.4

절도
50.0

폭력
23.4

출처 경찰청(2021년)

촉법소년 4대 강력 범죄율 (%)

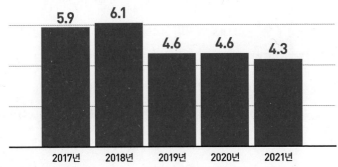

2017년	2018년	2019년	2020년	2021년
5.9	6.1	4.6	4.6	4.3

출처 경찰청(2017~2021년)

해외에서는 형사처벌이 가능한 나이가 저마다 달랐다. 미국 15개 주가 만 14세로 우리와 같았고, 일본 역시 2000년 법을 개정해 연령을 낮춘 것이 현재 우리와 같은 만 14세였다. 유럽 국가들은 주로 이보다 높았는데, 우리보다 낮은 나라는 프랑스(13세), 영국(10세), 미국 일부 주 정도였다.

과연 어느 연령이 더 적합하냐는 기술적 문제를 떠나, 우리는 이 국가들보다 소년범들을 상대로 한 교육 기능이 현저히 부실했다. 단적으로 국내 소년원 10곳 가운데 정규교육과정을 이수할 수 있도록 한 학교는 네 곳뿐이었다. 나머지 소년원에서는 검정고시 준비만 가능한데, 검정고시 합격자 수마저 해마다 줄고 있었다. 즉, 소년원에 갔다 나오면 정규과정에 다시 편입되기 쉽지 않

소년원생 검정고시 합격 (명)

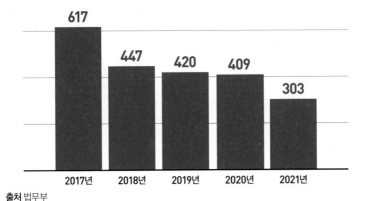

출처 법무부

은 상황인 것이다.

> 전국의 소년원은 모두 간판을 학교라고 붙여 놓고 있습니
> 다. 그런데 정규교육을 하나도 안 해요. **오창익**

주무 부처를 보면, 우리가 소년범을 다룰 때 어디에 주안점을
두고 있는지 더 명확하게 보인다. 미국과 캐나다는 소년원 자체를
'교육부' 산하에 두고 교과과정을 이어갈 수 있게 하고 있는 반면,
한국은 소년원을 '법무부'가 관리하고 있다.
　여기에 더해 소년범들의 가정환경 등을 고려했을 때, 부모 교육
도 병행되어야 한다는 지적이 나온다. 취재 과정에서 만난, 보호
관찰을 받고 있는 소년범들이 '부모의 관심이 그립다'고 했던 것
은 특수한 사례는 아니었다.

> 주변에서 "다 엄마가 없어서 그런 거다"라고 하죠. (부모님
> 이) 제가 밖에 돌아다니는 걸 궁금해하지도 않고, 그런 것
> 때문에 밖의 재미를 알다 보니까 (자꾸 범죄를 저지르게 돼
> 요.) **소년범(16세)**

> 내가 이렇게 보호받고 있구나, 뭐 그런 거 느끼게 하는 사람이
> 있어요?

동네 형들……? 소년범(17세)

결국 처벌만큼 중요한 것은, 이들이 '성인 범죄'로 빠지지 않도록 하는 여건도 함께 제공되는지 여부다. 처벌을 강조하는 동안 이들에게 필요한 교육 환경이나 보호관찰은 충분했는지를 따져 볼 필요가 있다. 실제로 한국은 보호관찰관 한 명이 보호 관찰하는 대상자가 평균 106.3명이며, 이 가운데 소년은 47.3명이나 된다. OECD 국가의 보호관찰관 한 명당 관리 대상자 수는 평균 37.6명에 그친다(법무부, 2022년 발표).

아이들이 성인 범죄자로 나아가지 않도록 하는 게 저희 역
할입니다. 저희 팀은 한 사람당 80명을 담당해요. 아이들과
면담을 할 때 짧게는 10분, 길게는 30분, 한 시간 할 수도 있
는데요. 자기 마음에 있는 것을 털어놓는 애들은 그렇게 많
지 않아요. 그런 것들을 끄집어내기 위해서는 그 (짧은) 시
간으로 힘들 거든요. **고기영(법무부 보호관찰관)**

오랫동안 소년범들을 애정을 가지고 지켜봐 온 고기영 보호관
찰관은 촉법소년의 연령을 낮추는 것은 '잘못하면 책임을 진다'는
취지에서 찬성하면서도, 그와 동시에 소년범들 역시 '가해자이자
피해자'임을 언급했다.

그 아이들도 사실상 가해자이면서 피해자거든요. 가정폭력의 피해자. 대부분이 다 그래요. 어릴 때부터 맨날 부부 싸움하는 결손 가정에서 태어난 아이들이 많죠. 경험해 본 게 별로 없어요. 자기가 뭘 하고 싶은지, 자기 꿈이 뭔지도 모르고 비행에 빠지고 어울려 다니면서 강력한 범죄를 저지르게 되는 게 지금 (소년범들의) 상태예요. 제가 1년간 야외 프로그램을 계속 진행하는 것도 무엇보다 많은 경험을 하게 해주고 싶어서예요. 그래서 10명 중에 한 명이라도 거기서 건져낼 수 있으면 가치가 있는 거니까요. 고기영

법무부가 급증했다는 만 13세 소년원생 비율로 돌아가 보자. 10세, 11세, 12세보다 많은 것은 맞지만, 여전히 전체 소년원생 가운데 1.6% 수준이다(법무부, 2019~2021년). 이 1.6%에 대해 우리 사회는 '처분'이 아닌 형사 '처벌'을 말하기 전에 이들이 다시 사회로 돌아갈 기회를 충분히 주고 있었던 것일까? 그 점을 먼저 묻고 싶다.

2.4%

마약 치료 비율

'마약 청정국' 지위 상실
여성, 청소년은 치료도 '사각지대'

3년간 마약에 중독되었다 어렵게 치료 중인 24세 여성을 만났다.
필로폰까지 손댔는데, 마약 중독의 시작은 스무 살 때 처음 접한
'다이어트 약'이었다.

처음부터 강한 약으로 시작한 게 아니라, 다이어트 약부터
였어요. 식욕이 없어지고 살이 너무 잘 빠지는 거예요. 어차
피 빠지니까 폭식하고 나서 계속 먹게 됐던 것 같아요. 그런
데 부작용으로 잠이 안 와요. 그러니까 이번에는 안정제나
수면제를 먹었고, 잠이 또 너무 잘 오죠. 그런 식으로 나중
에는 (약을 먹는 게) 놀잇감처럼 번지게 되는 거예요. 여성 마
약 중독자(24세)

그렇게 '다이어트 약'에서 시작해 마약류인 '필로폰'에 손을 대기까지는 1년도 걸리지 않았다. 그리고 가족의 신고로 강제 입원하기까지 3년이란 시간 동안 단 한 번도 자신이 중독이라고 생각하지 않았다고 한다.

> 약을 하는 동안에는 계속 부정을 해요. '아무 문제도 없는데 뭐가 중독이야' 이렇게 되는 것 같아요. 휴대폰도 중독이라고 해도 자기는 잘 모르는 경우 많잖아요. 일단 저는 제정신이 아니었어요. 먹지도 자지도 않고 하다 보니 살은 일단 너무 많이 빠져 있었고, 환청 이런 건 기본이었고요. 조현병처럼 누가 나한테 얘기를 하는데, '우리 엄마 아빠가 아니다' 그런 말이 들렸어요. **여성 마약 중독자(24세)**

점차 일상생활이 불가능해졌고, 중독성이 강한 마약을 계속 찾게 되면서 대출은 물론 일수에 휴대폰을 개통한 대가로 현금을 받는 이른바 '휴대폰깡'까지 손을 대면서 3개월 만에 진 빚만 3000만 원 가까이 되었다.

실제로 한국의 마약 사범은 연령별로 보면 이 여성과 같은 '20대'가 가장 많다. 대검찰청에 따르면, 2021년 20대 마약 사범 비중은 31.6%로 30대와 합치면 57.2%에 이른다.

연령별 마약 사범 비중 (%)

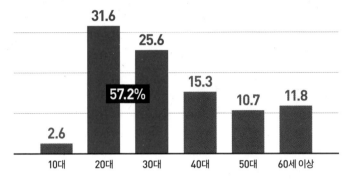

출처 대검찰청(2022년)

엄청나게 폭발적으로 늘고 있다고 체감이 되거든요. 4~5년
전에 제가 교육을 다닐 때만 해도 대부분 40~50대였어요.
20대, 게다가 20대 여성은 거의 보기 힘들었죠. 그런데 오늘
도 제가 교육하는데 다 20대였어요. **최진묵(마약류 중독치료센터장)**

텔레그램 등의 소셜미디어로 마약을 구하기가 쉬운 데다, 일부
20·30세대가 '자신은 중독은 아니'라며 위험성을 잘 모르다 보
니 이들 사이에서 마약은 더욱 빠르게 번져 나가고 있다. 특히 연
예인들의 마약 투약 뉴스가 이들의 호기심을 더욱 자극한다는
지적도 나온다. 이런 상황에서 무엇보다 '예방 교육'이 필요하지만
초중고교에서는 형식적인 교육에 그치고, 정작 실질적 교육은 마

약에 손을 대어 이제는 교육이 아닌 '치료'가 필요한 마약 사범에게 뒤늦게 이뤄지고 있다.

이처럼 마약 사범에게 당장 시급하게 필요한 것은 교육이 아닌 치료이지만, 정작 그런 조치는 사실상 이루어지고 있지 않다. '치료 보호(421명)'나 '치료 감호(28명)' 조치를 통해 국가로부터 치료를 받은 마약 사범은 2022년 기준 449명이었다(보건복지부·국립법무병원). 그해 적발된 마약 사범 1만 8395명 가운데 단 2.4%인 것이다. 이마저도 대부분 마약 사범 자신의 요청에 따른 것이고, 검찰이 치료 보호 조치를 의뢰한 예는 14건, 0.07%에 그쳤다. 이는 마약 사범을 여전히 처벌 대상으로만 보고 있기 때문인데, 정작 이들에 대한 치료는 더딘 형국이다.

마약을 시작했다는 건 중독이 시작됐다는 거예요. 중독은 뇌 질환입니다. 자기 의지를 갖고 해결되는 게 아니에요. 그런데 마약 치료 감호 선고를 받는 사람이 1년에 20명이 안 되죠. 중독은 치료를 해야만 재범을 예방할 수 있는 질환인데, 검찰 등에서 범죄라고만 생각하니까 제도는 있는데 활용이 안 되는 게 문제죠. 법적으로도 치료를 안 해주고, 치료를 받을 수 있는 기회도 별로 없죠. 이미 치료 필요성을 느낄 때는 가족도 없고, 돈도 없고, 많은 걸 잃은 상태거든요. 조성남(국립법무병원장)

한국에는 마약 치료 지정 병원이 21곳 있지만, 예산 부족 등의 이유로 참사랑병원과 부곡병원 단 두 곳에서 대부분의 치료를 맡고 있다. 수가가 맞지 않고 마약 치료 법 관련 임상 결과도 부족하다 보니 이들을 받아주는 병원이 많지 않다. 마약 치료 지정 병원이 적은 것도 문제이지만, 더 큰 문제는 병원 치료 이후 중독에서 완전히 벗어날 수 있도록 하는 '재활'이 필요한데, 국가가 운영하는 진정한 의미의 재활센터는 현재 한 곳도 없다는 점이다. 마약퇴치운동본부 산하에 있는 중독재활센터의 경우 심리 상담과 교육 기능을 갖고 있을 뿐 실질적인 재활을 기대하기는 어렵다. 마약 재활을 위해서는 마약 유혹을 끊기 위해 24시간 함께 생활하는 입소 형태가 필수적일 수밖에 없기 때문이다.

민간 차원에서 '다르크'란 이름의 중독자 간 치료 모임인 마약 중독 재활센터가 있지만 2024년 기준 전국에 단 두 곳뿐이다. 정부 지원 없이 운영하다 보니 수용 인원은 모두 다 합쳐도 10명 수준이다. 이미 정원이 가득 차 있다. 그렇다 보니 재활을 위해서는 정신병원 폐쇄 병동을 이용할 수밖에 없는 상황이다.

우리나라에서는 병원 치료가 치료의 전부라고 생각해요. 그런데 병원 치료는 겉으로 드러나 있는 증상만 호전시키는 것이고, 사고방식과 생활방식이 안 된 사람을 약만 떼어 내려고 하는 거예요. 약을 안 하는 사람을 만들어야 해요. 최진묵 그 역시 20년간 마약에 중독되어 있었다. 혼자 이겨낸다는 것은 사실상 불가능하다는 것을 알기에 중독자 재활을 위한 센터를 운영하게 되었다고 한다. 다만, 이 시설조차 모두 성인 남성들만 입소할 수 있다. 그렇기 때문에 함께 생활하면서 재활할 수 있는 곳 중에서 여성과 청소년이 지낼 수 있는 곳은 전국에 단 한 곳도 없는 형국이다. 비록 24시간 머물 수는 없지만 재활센터를 오가며 단약 중인 한 여성은 그곳에서 '진짜 즐거움'을 알게 되었다고 했다.

> 병원에 3개월 입원했다가 나온 이후가 제일 어려운 것 같아요. 제 삶은 이미 약을 하는 삶에 맞춰져 있는데, 공허함을 뭘로 채워야 하는지 저는 그 방법을 모르는 거였고요. 그래서 다른 마약 회복자분들이 있는 곳이 있다고 해서 연락했어요. 그래서 다시 아기 때처럼 돌아가서 배우고 있어요. 마약이 아니라 뭔가 노력을 해서 얻는 뿌듯함이나 사람들 만나서 느끼는 여러 가지 감정들이요. 내가 하기 싫은 거 참고 이렇게 해서 노력해서 얻은 그런 진짜 즐거움들 있잖아요.
> **여성 마약 중독자(24세)**

마약 사범을 엄벌함과 동시에 이들이 다시 일상을 찾을 수 있게 할 치료의 기회가 제공되어야 한다는 지적이 나오는 이유다.

그리고 마약 치료와 상담을 받는 과정에서 '신고를 당할까 봐' 많은 마약 중독자가 병원 자체를 못 가는 일이 많은데, 이는 오래된 오해에서 비롯된 탓이 크다.

일반 질환처럼 비밀이 보장돼요. 의료보험 혜택 받으면서 치료를 받을 수 있는데, 이걸 잘 모르는 사람이 많아요. 진짜 약을 끊기 위해 치료를 받으러 가는 것인데, 그걸 신고하는 사람은 없습니다. 조성남

6.2%

안전운임제 적용 대상 화물 기사 비율

사라진 안전은 누구의 책임인가

2022년 말 논란이 되었던 '안전운임제'는 쉽게 말해 화물 기사의 '최저임금제'다. 지금은 폐지되었지만 3년간 시범 운행되었던 것은 무엇보다 도로 위의 안전을 지키기 위한 측면이 컸다. 화물 기사들이 무리하게 운행해 사고로 이어지면 인명 피해가 크게 날 수 있기 때문이다. 이를 지키지 않으면 화주를 처벌할 수 있도록 했는데, 적용 대상은 컨테이너와 시멘트, 두 개 품목이었다.

안전운임제 종료를 앞둔 2022년 말, 화물연대는 안전운임제를 연장하고 적용 대상을 다섯 개 품목으로 확대해 달라며 파업을 벌였다. 하지만 정부는 지난 3년간 안전운임제의 효과가 입증되지 않았다는 점과 무엇보다 파업의 불법성을 강조하며 반대했다. 파업 당시 화물연대 조합원들이 비조합원을 상대로 한 폭력적인 행동이 조명되면서 여론은 싸늘하게 돌아섰고, 안전운임제는 그렇게 결국 폐지되었다.

정부와 화물연대 가운데 어느 쪽 말이 설득력이 있는지 판단할 근거는 '지난 3년'에 대한 평가일 텐데, 결론적으로 효과를 두고 양쪽의 판단 자체가 달랐다. 양쪽에서 제시하는 통계가 아예 다르니 어느 자료의 정보가 맞는지 가늠하기가 어려웠다. 전문가에게도 물어보니, 3년이라는 시간이 외부 요인 등을 빼고 평가하기에는 애당초 너무 짧다는 지적도 나왔다.

해외에서 안전운임제를 적용하는 국가는 오스트레일리아와 캐나다, 브라질 정도였다. 그마저도 일부 주에 한정해(오스트레일리아 뉴사우스 웨일주, 캐나다 브리티시 컬럼비아주) 적용하고 있고, 처벌 규정은 없어 우리와 다르다는 것이 국토부의 입장이었다. 하지만 애당초 안전운임제 적용 국가가 적은 것은 유럽 등 선진국에서는 화물 운송업자들을 개인 사업자가 아닌 '노동자'로 인정해 주고 있기 때문이라는 분석이 나왔다.

노동권이 굉장히 강하게 보장되는 나라는 이런 안전운임 제도가 필요 없거든요. 화주랑 교섭해서 해결하기 때문에 교섭 제도가 잘 발달되어 있는 데는 필요가 없습니다. 유럽 대부분 국가들은 화물 운송 기사들이 노동자로 되어 있거나, 노동자 신분이 애매하더라도 노동조합을 결성하고 교섭을 해

서 자기 권익을 지키는 데 있어서 아무런 장애가 되지 않습니다. 김성희(고려대 노동문제연구소 교수)

안전운임제가 적용되었던 지난 3년. 그전과 비교하면 많이 나아졌다고는 하지만 화물 운송 기사들이 말하는 그들의 노동 여건은 여전히 열악했다. 주로 밤에 이동하기 때문에 졸음까지 이겨 내기 위해 그들은 대형 차 안에서 고군분투하고 있었다.

새벽 3시 정도에 출근합니다. 하루에 보통 10시간 이상 운전하고, (퇴근 시간은) 밤 10시~11시 정도입니다. 새벽이나 야간 운행을 주로 하는데, 농장으로 가는 길이 협소하니까 화물차 운행이 상당히 어렵습니다. 그렇게 한 달에 보통 1만 2610킬로미터 정도 달렸거든요. 하루에는 500~700킬로미터 정도예요. 한 달 수익은 300에서 400(만 원) 정도 됩니다. 김무성(화물 운송 기사, 10년차 비료 업계 운송 근무)

시내에 화물차가 들어가면 시내가 마비되니까 보통 "새벽 2~3시에 와라", "새벽 4시 안에 와라"라고 해요. 그럼 저희는 그 시간에 가죠. 편의점에서 삼각김밥 사서 컵라면 하나 부어서 (먹고요.) 야간 운전하면 졸게 돼요. 그러면 사람이 멍해지니까⋯⋯ 달리면서 양치질도 하고⋯⋯ 사람으로서 생각도 못 하는 게 저희들은 일상이에요. 하루에 2~3시간 자니까 피로가 누적돼요. 헛소리도 나오고 그래요. 저희 같은 업종에 계신 분이 어느 순간 말이 어눌해지면 "이제 은퇴하실 때 됐다" 이렇게 얘기해요. **조왕훈(화물 운송 기사, 22년차 컨테이너 운송)**

지난 3년간 일종의 최저임금제인 '안전운임제'를 적용받았던 화물 운송 기사의 비율은 6.2%(화물연대, 2020~2022년)다. 적용 품목이 컨테이너와 시멘트 두 가지밖에 안 되기 때문에 한 자릿수에 그쳤다. 하지만 두 개 품목이 적용되어 다른 품목들도 간접효과로 어느 정도 개선되는 효과가 있었다고 한다. 무엇보다 안전운임제 덕분에 화주와 차주 사이에 여러 하도급으로 이어져 많은 수수료를 내야 하는 문제도 나아졌다. 실제로 많게는 5단계까지 거치던 물류 단계는 이 제도가 도입된 뒤 줄어, 2단계 이하 비중이 제도 시행 전인 2019년 54.4%였던 것이 2021년 72%가량으로 늘어났다(한국교통연구원, 2021년).

화주가 먼저 하나 눠주면 그 밑에 하도급으로 달린 것도 매우 많았거든요. 그런데 안전운임제는 그걸 방지하고 있어서 많이 막아져 있습니다. 1차, 2차에서 떨어지는 경우가 되게 많이 생겼고요. 옛날에는 3차, 4차까지 내려갔습니다. **하광수**

(화물 운송 기사, 23년차 컨테이너 운송)

이런 가운데 정부와 화물연대의 지난 3년에 대한 평가에서 일치하는 것도 있다. 바로 근로시간이다. 안전운임제 시행 전인 2019년에 월평균 292.1시간이었던 화물 기사들(컨테이너 기준)의 노동시간은 제도 시행 후(2021년) 281.3시간(국토교통부, 〈화물차 안전운임제 성과 분석 및 활성화 방안〉, 2021년)으로 3.7% 줄었다. 281.3시간. 줄었다고 하지만, 같은 해 임금 노동자 월 평균 근무시간(164.2시간, 고용노동부, 2021년)과는 117시간 넘게 차이가 난다. 또 안전운임제를 통해 같은 기간 컨테이너 화물 운송업자들의 임금은 24.3% 늘어났는데, 373만 원 수준이었다.

화물 기사의 안전을 최소한이라도 제도적으로 지켜주는 것, 그

월 평균 근로시간

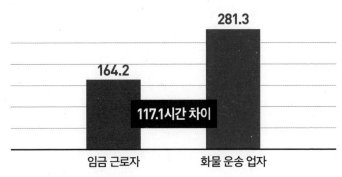

출처 고용노동부·국토교통부(2021년)

것은 결국 화물 운송업자뿐 아니라 시민을 위한 것이기도 하다는 지적이 나온다.

화물 운전자가 생존의 벼랑에 몰리게 되면 무리한 운행을 하게 되는데, 사실 고속도로 사고의 40%는 화물 기사에게 나고, 대형 화물차가 사고가 나면 대형 인명 피해가 나거나 굉장한 교통체증이 벌어지죠. 그래서 도로의 안전, 그게 시민의 생명과 안전과 연결돼 있죠. 그럴 수 있는 제도적 장치가 최소한 만들어져야 그게 시민의 생명과 안전을 지키는 버팀목이 될 수 있다고 볼 수 있겠죠. 김성희

인터뷰를 했던 2022년 말, 한 운송업자는 파업에 성공하면 자신들도 안전운임제 적용 대상이 될 수 있고, 그러면 '앞으로 우리도 가족들과 시간을 보낼 수 있지 않겠느냐'며 기대하고 있었다. 하지만 안전운임제는 폐지되었고, 그가 지금은 가족과 함께 얼마나 시간을 보내고 있는지 알 수 없다. 그가 꿈꿨던 희망을 옮겨 본다.

안전운임제를 하면 저희 삶이 조금 좋아질 것 같습니다. 지금은 일요일 하루 쉬는데, 피로가 누적되니까 오전 동안은 잠을 자야 또 일주일을 보낼 수 있거든요. 그러다 보니 가족

과 시간을 보내기가 상당히 어렵죠. 직장인 분들도 최저임 금이 보장되듯이, 저희도 안전운임제가 있어야 가족과 보낼 수 있는 시간을 갖고 과로나 과속도 줄고, 그러면 저희가 일 할 수 있는 환경도 좋아지는 거겠죠. 김무성

0 **10 20** 30 40 50

%

60 70 80 90

12.4% ································· 과학기술 분야의 여성 관리직

12.9% ································· 자립 준비 청소년의 대학 진학

14.1% ································· '환경'이라는 선택과목

14.7% ································· 아동 재학대

17.3% ································· 학교 폭력 피해자의 절망

18% ································· MZ세대의 소통법

21.7% ································· 장애인의 외출

23% ································· AI로 인해 사라질 직업들?

25.3% ································· 경력 단절 여성

25.5% ································· '고기나 생선 주 1회도 못 먹는' 아이들

12.4%

과학기술 분야 여성 관리직 비율

고학력 워킹맘…"전 아내가 없잖아요."

나 레지던트 밟으면 어떨까? 정민이 사고 나는 바람에 전공의 과정 포기했었잖아. 그때 포기한 거 많이 아쉬워. 드라마〈닥터 차정숙〉중 차정숙

늙고 병든 전공의 누가 반갑다고 해. 드라마〈닥터 차정숙〉중 차정숙의 의사 남편

JTBC 드라마 〈닥터 차정숙〉은 의대를 졸업하고도 20년간 두 아이의 엄마로, 의사 남편의 아내로 지내다 다시 의사가 되려는 '차정숙'의 고군분투기를 그렸다. 문득 현실 속 '차정숙'인 고학력 전문직 여성들의 삶이 진짜 그런지 궁금해졌다. '그래도 자격증이

있으니 수많은 경력 단절 여성보다는 상황이 낫지 않을까'라고 생각했다. 그런데 현실에서 만난 '닥터 차정숙'들은 출산과 육아로 인한 경력 단절을 겪은 후 더 빠르게 성공 또는 정상 궤도에서 이탈했다고 말한다. 왜일까?

가장 먼저 만난 현실판 차정숙인 배윤정 의사는 거주지와는 다른 시에 있는 병원에서 일하고 있었다. 세 아이의 양육을 함께 할 수 있는 '시간제' 의사를 찾다 보니 멀리 있는 병원에서 일하게 되었다고 한다. 오전에는 일을 하고, 오후에는 하교한 아이들을 돌보며 지낸다. 세 아이를 출산하면서도 일을 쉬지 않고 7년간 버텼지만, 육아를 다른 사람에게 맡기는 것이 더는 힘들다는 것을 깨닫고 사직했다.

> 제가 첫째를 낳고 일곱 살이 될 때까지는 계속 일을 했어요. 일을 하면서 나머지 둘째랑 셋째를 다 낳았거든요. 출산하기 하루 전까지 일하고 그다음 날 애를 낳고……. 애들을 부모님한테 맡겨 놓고 거의 가보지도 못한 적도 되게 많았어요. 그런데 부모님이라고 늘 건강하신 건 아니고, 또 입주하시는 분들도 사정이 있어서 못 하시게 되거나 그런 여러 가지가 너무 겹쳐서……. 7년을 해봤더니 도저히 유지할 수 없다는 걸 제가 느끼게 됐어요. 제가 아무리 능력이 있어도요. 배윤정(내과 의사)

그 후 7년 만에 다시 시작한 의사 업무. 하지만 경력 단절로 인해 꿈꿔 왔던 대학 교수가 되는 건 현실적으로 어렵다고 한다. 치열한 경쟁 속에서 쉬지 않고 달려야 하지만, 이미 한 차례 낙오한 데다가 일상적으로 겪는 남성 중심 문화도 뛰어넘어야 하기 때문이다.

저는 대학 교수가 되려고 하는 과정을 이미 벗어났기 때문에 다시 그 과정을 타기는 되게 어려워요. 단절된 기간이 너무 길었고, 그사이 논문도 쓸 수가 없었고요. 그다음에 공부는 새로 하면 된다고 하지만 이미 좀 너무 시간이 지났다는 생각이 들어요. 의사 채용 면접 보러 가면 대놓고 '여선생 뽑으면 출산이랑 이런 것 때문에 힘들어진다'고 할 때는 기분이 좋지 않지만, 그냥 참고 듣는 거죠. 배윤정

두 번째로 만난 '닥터(여기서는 박사) 차정숙'인 '엄마 과학자'가 겪는 사회도 크게 다르지는 않았다. 그녀 역시 출산의 파도는 잘 넘었다고 생각했지만, 육아 과정에서 결국 사직을 선택했다.

제가 가장 많이 들었던 게, "여자 연구원을 채용하면 일을 안 한다"라고 하세요. 저도 박사임에도 불구하고 애를 보러 가야 되는 입장이니까요. 결론적으로 얘기하면 저는 이제

박사이지만 일찍 가는 사람이 되는 거죠. 연구자로서 일에 집중하지 못한다, 자기 연구에 소홀하다는 것만큼 나쁜 평은 없는 거니까, 그런 평을 듣지 않으려면 그냥 그만두는 게 차라리 나은 선택이 되어 버리는 거죠. 윤정인(유기화학자)

그만큼 치열한 경쟁 구도 속에서 출산으로 인한 경력 단절, 복직 후에도 육아로 온전히 성과를 내지 못한다는 점은 결국 낙오를 뜻했다. 장시간의 몰입을 요구하는 전문직일수록 육아의 책임을 혼자 진 상태에서는 해내기가 어려운 구조였다. 그렇기 때문에 이들은 스스로 퇴사를 선택할 수밖에 없었던 셈이다.

연구자에게 가장 중요한 건 꾸준히 연구를 했다는 능력치인데, 휴직으로 인해 중단되면 저희는 2년 동안 일을 한 사람이 아닌 거예요. 과학자로서의 능력이 얼마나 되는지를 입증할 자료가 전혀 없는 것이죠. '승진은 물 건너 갔구나' 혹은 '내년에 재계약이 될까'라는 생각도 들고. '나, 생각보다 능력이 없는 것 같아'라는 느낌을 받다 보면 자발적인 퇴사를 선택하게 되죠. 윤정인

두 사람의 남편은 모두 아내와 같은 업종에 있었지만 경력 단절을 경험하지 않았다. 꿈 많던 이 커플들은 이렇게 달라진 서로

다른 미래를 예측했을까?

(일에만 집중할 수 있는) 남편이 되게 부러웠어요. 애가 아파
서 휴가를 쓰면 저한테는 '어 그래, 그럴 수 있어' 하시는데,
같은 연구실에 있는 저희 신랑이 쓴다, 그러면 '애 엄마는
뭐 하고'라고 물어보세요. 그런 식으로 아이 돌봄은 제 몫
이 됐죠. 윤정인

남편은 근무지를 옮겨 가며 본인의 커리어를 충실하게 잘
쌓았고, 저는 사직을 하고 남편과 함께 지방으로 따라다녔
어요. 저를 보며 "너 왜 이렇게 오래 쉬고 있니" 이렇게 얘기
하는 사람을 만날 때마다 저는 이렇게 말해요. "나는 아내
가 없잖아……" 누군가의 아내가 있어야 잘 굴러갈 수 있는
세상인데. 배윤정

두 사람 같은 고학력 여성의 경력 단절을 단적으로 보여주는
수치가 있다. 과학기술 연구 분야에서 여성 '관리자' 비율은 단
12.4%(과학기술정보통신부·WISET(2022년), 〈2021년도 여성 과학기술
인력 활용 실태 조사 보고서〉). 학사와 석사, 그리고 박사를 거치면
서 여성 과학자의 비율은 급격히 줄어, 그 후 보직자인 관리자로
는 12.4%만 남게 된 것이다. 관리자 비율이 낮은 것은 결국 평균

국내 여성 과학기술 인력 졸업 및 재직 현황 (2022년)

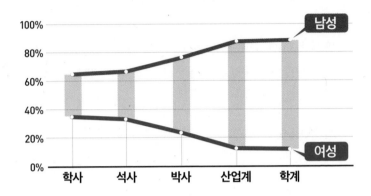

남성

여성

| 학사 | 석사 | 박사 | 산업계 | 학계 |

출처 한국여성과학기술단체총연합회(KOFWST)

임금으로 나타난다. 한국의 여자 의사 연평균임금은 남성 의사의 69.6%(보건복지부(2022년), 2020년 기준) 수준에 그쳤다.

이러한 문제를 해결하기 위해서는 일단 관행을 바꾸는 것이 시급하다는 지적이 나온다. 장기간의 노동 문화, 그리고 일과 생활의 균형을 맞추기가 굉장히 어려운 조직 문화 관행이 바뀌어야 한다. 또 이러한 관행의 변화를 촉발할 수 있는 제도가 필수적이라고 설명한다.

미국에서 《옵팅아웃(Opting Out?)》이라는 책이 굉장히 유명해진 적이 있는데, 그건 하버드 경영대학원이나 로스쿨을 나온 훌륭한 여성들이 경력을 잘 유지하다가 가정으로 돌

생애 주기별 과학기술 연구개발 인력 현황 (2021년, %)

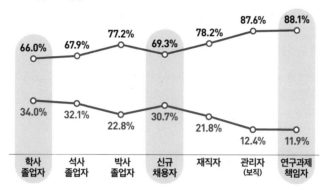

○ 여성　○ 남성

	학사 졸업자	석사 졸업자	박사 졸업자	신규 채용자	재직자	관리자 (보직)	연구과제 책임자
남성	66.0%	67.9%	77.2%	69.3%	78.2%	87.6%	88.1%
여성	34.0%	32.1%	22.8%	30.7%	21.8%	12.4%	11.9%

원자료 한국교육개발원, 대학통계 〈학교별×학과별(상반기) 데이터셋〉(2021년)

출처　한국여성과학기술인육성재단(2022년), 〈2021년도 남녀 과학기술인 양성 및 활용 통계 재분석 보고서〉
　　　　과학기술정보통신부·WISET(2022년), 〈2021년도 여성 과학기술 인력 활용 실태 조사 보고서〉

아가는 사례를 다룬 책이에요. 여성들이 가정을 선택한 것이 아니라 선택당한 것이죠. 제도의 변화, 관행의 변화 이런 것들이 시급하다고 생각합니다. 이주희(이화여대 사회학과 교수)

　제도적 변화로 시급한 건 결국 여성도 관리자가 될 수 있도록 하는 것이다. 실제로 유럽연합은 2026년 6월부터 '여성 할당제'를 법으로 의무화한다. 유럽연합 내 모든 상장 기업은 이사회의 40%를 여성을 비롯한 '과소 대표된 성'으로 채우도록 했다. 이에 따라 유럽연합 증권거래소에 상장된 기업들은 사외이사 중 40%,

전체 이사 중 33%를 여성으로 채워야 한다. 한국의 경우 국내 상장 법인의 여성 임원 비율은 여전히 5.2%(여성가족부, 2021년)에 불과하고, 상장 기업의 63.7%(여성가족부, 2021년)는 여성 임원이 단한 명도 없는 실정이다. 그나마 2022년부터 자산 2조 이상의 상장 법인에 한해 한 명 이상의 여성 이사를 두게 하는 '여성 이사 할당제'가 법적으로 시행되었지만, 지키지 않더라도 처벌 조항은 없다.

이러한 환경에서 누구나 '아내'가 필요하지만, 아내가 되는 것은 여전히 여성들만의 몫이었다.

12.9%

자립 준비 청소년 대학 진학률

보육원에서 자립한 그들은 어디로 갔을까

아이를 키우면서 알게 된 사실이 하나 있다면, 예상보다도 아이
가 안아 달라고 보챌 때가 많다는 점이다. 생후 1년이 안 돼 울음
으로 의사 표현을 하던 시절에도 안아 달라고 보채다가 안기면
울음을 그치던 순간들. 이를 경험하면서 울어도 부모에게 제대로
안길 수 없는 시기를 오랜 시간 거쳤을 아이들에게 '너도 열심히
노력하면 성공할 수 있어!'라고 말하는 건 어쩌면 너무 잔인한 게
아닐까 하는 생각을 한 적이 있다. 그만큼 아이는 심리적 안정을
위해 사랑 표현을 많이 요구했다.

　수능이 끝나고 얼마 되지 않은 시점에 부모가 없는, 흔히 '고아'
로 불리는 아이들은 어떤 시기를 보내고 있을까 하는 생각을 한
적이 있다. 온 집안이 힘을 모아 자식의 일류 대학 입학에 매진하

는 한국 문화 속에서 이들은 어떻게 대입 시험을 보았을까? 그런 생각이 꼬리에 꼬리를 물었다. 만 18세가 되면서 '자립 준비 청년'으로 불리는 이들의 대학 진학률은 놀랍게도 12.9%(1478명, 보건복지부, 2021년)에 그쳤다. 73.7%(종로학원, 2021년)인 전국 고등학생의 대학 진학률과는 차이가 컸다. 대학을 가지 않았다면 이들은 어디에 있는 걸까? 대학에 가지 않고 바로 취업에 뛰어든 청년이 40.4%(보건복지부·아동권리보장원, 〈아동 자립 지원 통계 현황 보고서〉, 2021년 기준)가량 되었고, 대학 진학도 취업도 아닌 상태, 이른바 '무업'으로 분류되는 청년들은 23.6%였다. 그중 눈에 띄는 수치도 발견할 수 있었는데, 보육 기관을 나온 뒤 아예 연락조차 되지 않는, 즉 생사조차 알 수 없는 자립 준비 청년이 20.1%(2299명)나 되었다. 영국의 경우 이 수치가 5%로 한 자릿수인 것과 다소 차이가 컸다(국회입법조사처 허민숙, 〈자립 지원의 공백: 보호 종료 청소년을 위한 개인 자립 지원 상담사 도입 과제〉, 2020년 기준).

가장 큰 이유는 관리 인력 부족으로 보였다. 한국은 자립 지원 전담 인력 한 사람이 담당하는 청소년이 110명가량이다(보건복지부, 2022년 11월 셋째 주 기준). 이처럼 관리해야 할 청소년이 많다 보니 대다수 자립 준비 청년과 한 달에 한 번 통화하는 수준의 관리로 그쳤다. 그러면서 점차 연락조차 닿지 않는 자립 준비 청년들이 자연스럽게 많아진 것이다. 여기에 만 18세인 자립 준비 청년이 되기 전에 이미 보육 시설을 퇴소한 청소년들은 이 통계에서 빠져 있어, 연락이 두절된 자립 준비 청년은 이보다 더 많을 것으로 추정된다.

올해 고등학교 3학년이 되는 한 자립 준비 청년은 지내고 있던 보육원의 규칙을 어겨 하루아침에 거리로 쫓겨났다고 했다. 넉 달이 걸려 집을 구했다는 그가 말하는 가장 필요한 지원은 '혼자 고립되지 않는 것'이라고 했다.

> (보육원에서 나오니) 밥을 잘 안 챙겨 먹게 돼요. 라면을 먹을 때가 있고, 이런 때가 되게 많아요.
> 지금 필요한 건 그런 분(관리사)들이 자주 연락해 주고…….
> 맞아요. 진짜요. 혼자 있으면 외로워요. 보호 종료 청소년(18세)

그나마 의지할 수 있는 것은 시청에서 오는 관리사의 전화라고 했다.

> 아플 때나 이럴 때 전화해 가지고 '아프다' 이렇게 얘기하면 '너 지금 의료급여로 돈 조금 나올 거다' 이렇게 얘기해 주고, 도움 받을 수 있고요. 정기적으로 만나는 것도 있어요.
> 얼마나 자주요?
> 한 달에 한 번요. 갈수록 기간은 길어져서 지금은 두세 달에 한번 올 때도 있고 그래요. 보호 종료 청소년(18세)

이 청년 외에도 서면 인터뷰로 만난 보호 아동들은 외롭지만 보육원 같은 시설 생활은 '답답하다'고 했다. 학교에서 집단으로 생활하고 방과 후에도 그런 생활을 유지하는 것이 10대 시절에는 더 그럴지 모른다. 그 안에서도 잘 보여야 한다는 압박도 생기고, 편애도 있을 수 있다. 통금도 지켜야 하고, 지키지 않으면 휴대폰 금지와 같은 제재도 있어서 답답하다고 했지만, 정작 심리적으로 의지할 사람이 없는 현실. 그것이 현재 보호 아동들이 말하는 힘든 점들이었다.

이런 상황에서 한국의 자립 준비 청년들을 위한 정책은 경제적 지원에 중점을 두고 있다. 물론 필요한 대책이다. 가장 현실적이고 필요한 지원 중 하나일 것이다. 특히 보호가 종료된 청년들에게 5년간 경제적 지원을 중심으로 자립을 돕고 있다. 보건복지부가 2022년 말 발표한 지원 대책에서도, 2023년부터 매달 지원되는 자립 수당을 기존 35만 원에서 40만 원으로 올리고, 일시에 지원하는 자립정착금도 800만 원에서 1000만 원까지로 늘리겠다고 밝혔다.

다만, 국내 지원 대책이 지나치게 경제적 지원에만 집중되어 있다는 비판의 목소리도 있다. 보호 아동들은 무엇보다 '나도 보호받고 있다'는 정서적 안정감을 원하고 있었기 때문이다. 자립 지원 전담 인력을 180명으로 늘리기로 했지만, 그렇게 되더라도 여전히 한 명이 관리해야 할 청소년은 70명에 달한다.

(지금의 지원은) 아이들의 감수성에 맞지 않는 제도만 내놓은 거예요. 계속 닭장의 닭한테 모이만 많이 주는 거예요. 가장 중요한 게 빠진 거죠. 심리적 안정감이요. 우리는 여전히 시설이라는 전제 조건 속에서 아이들에게 반드시 시설에 맞춰야 한다는 거니까 그게 안타까워요. 조윤환(고아권익연대 대표)

해외에서는 시설뿐 아니라 의지할 만한 사람을 제도적으로 만들려고 노력한 흔적이 보였다. 영국의 '개인 상담사 지정 제도'라는 것이 대표적인 예다. 자립 준비 청년들이 최장 25세까지 학업과 취업 여부와 상관없이 개인 상담사 지원 요청은 언제든 할 수 있게 해둔 것이다. 특히 새로운 주거지에 정착하면 개인 상담사는 반드시 7일 이내에 주거지를 방문해서 적절한지 평가하고, 그 후 최소 8주 간격으로 모니터링을 하게 되어 있었다. 그렇기 때문에 자립 준비 청년 95%는 정부와 연락하고 있었고, 연락이 닿지 않는 경우에도 그 이유를 구체적으로 조사하도록 했다.

한국의 경우, 안타깝게도 보육 시설에서조차 집단생활로 인해 정서적 안정감을 얻지 못한 청소년들이 홀로서기를 하면서 가장 먼저 포기하는 것은 자신의 미래였다.

사람이 안정이 되어야 꿈을, 그리고 자신의 미래를 설계하거든요. (지원이 끊긴) 5년 후에 다시 빈털터리가 되는 거죠. 꿈

과 목적이 없으니까요. 조윤환

희망 사항 같은 거 있어요?

아니요. 그런 건 없는데요. 불편한 대로 살아야죠. 보호 종료
청소년(18세)

해마다 2400명(보건복지부, 2017~2021년 평균), 평균 나이 만 20
세의 청년들이 보육 기관에서 나와 사회에서 자립을 시작한다.
손잡아 줄 단 한 명만 있으면 살아갈 수 있다는 보호 종료 예정
청소년들 가운데, "(자립 후) 관리사의 연락이 필요 없다"라고 답
한 사람은 단 8.1%뿐이었다(보건복지부·한국보건사회연구원, 2020
년). 결국 대다수의 자립 준비 청년들이 평균 한 달에 한 번꼴인
관리사의 전화 한 통이라도 더 자주, 끊기지 않고 오기를 바라고
있었다.

14.1%

'환경' 과목 채택한 전국 중고교 비율

극심한 가뭄에 급식 식단도 바뀌었다는데……

네덜란드인이 설거지하는 모습을 본 적이 있다. 20년 전 독일 친구가 설거지하는 것을 본 이후 외국인의 설거지를 보는 것은 오랜만이었다. 그때는 '설거지를 이렇게 할 수도 있구나' 하고 충격을 받았을 뿐 실천에 옮기지는 못했다. 거품을 수건으로 닦아서 없애는 방식이 낯설었고, 이런 거품을 감수(?)하고서라도 물을 아껴야 하는지도 와 닿지 않던 시절이었다. 그런데 이번에 설거지를 보니 꽤나 체계적이고 합리적이어서 금방 따라 할 수 있었다. 가장 눈에 띈 특징은 세제를 수세미에 묻히는 것이 아니라 설거지통에 물을 받으면서 푸는 것이었다. 그러면 자연스럽게 거품이 풍성하게 생겼다. 수세미에 직접 세제를 풀면 지나치게 많은 세제가 그릇에 직접 묻어서 세제를 씻어내는 데만 많은 물을 써야 하는 데다가 실제로 잔류 세제도 많다고 한다. 또 다른 특징은 설거지 도구를 다양하게 사용한다는 것이었다. 오염도가 적은 것과 많은 것의 수세미를 분리해 수세미로 인해 그릇이 더 오염되는 것을 방지했고, 특히 프라이팬류는 수세미 대신 솔을 사용했는데, 꽤 나 잘 씻겼다.

네덜란드인 바트 씨는 자신이 이렇게 설거지를 하게 된 것은 교육, 정확히는 조기 교육의 영향이라고 말했다. 어려서부터 학교에서건, 집에서건 환경 교육을 접했고, 어떻게 실천하는지 배워 왔다는 것이었다.

> 교육 영향이 큽니다. 초등학교에서부터 물을 절약해서 설거지하는 것뿐 아니라 샤워하는 법까지 배웁니다. 아이들이 지속 가능한 환경에 대해 인식하도록 배우는 거죠. 바트(네덜란드인)

한국에서 환경 과목은 2023년인 현재도 필수가 아닌 '선택' 과목이다. 대학 입시와 무관하다 보니 제대로 수업이 이뤄지기는 힘든 실정이다. 그렇다 보니 한국에서 환경 교육이라고 하면 단순히 '쓰레기 버리지 마라', '아껴라' 정도에서 끝날 수밖에 없다는 지적이 나온다. 대만을 비롯한 국가에서 교육과정의 목표를 담는 '총론'에 환경을 포함한 것과 대조적인 모습이다.

(환경 과목을) 필수로 추구하지 않고 있기 때문에 학교별로 선택이 되어 버린 거죠. 그렇다 보니 우리는 환경 교육이라고 하면 버리자 마라, 아껴라, 깨끗이 해라 이 슬로건으로 교육을 하고 있는데 사실은 왜 버리지 말아야 하고, 왜 아껴야 하고, 왜 덜 써야 하는지에 대한 그 과정을 학교에서 제공하지 못하고 있는 게 문제죠. 핀란드에서는 초등에서부터 환경 과목을 9학점을 선이수해야 순서대로 교육을 할 수 있게 설정을 했고요. 대만에서는 교육과정의 목표로 '환경'을 넣었어요, 총론에. 우리는 그렇지 못하죠. 신경준(숭문중학교 환경 교사)

전국의 중학교와 고등학교 가운데 환경을 교과목으로 선택한 학교 비율은 2023년 기준 14.1%(전국 중고교 5631개 중 797개, 환경부, 《환경백서 2021》) 수준이었다. 필수과목은 아니더라도 선택과목으로라도 환경을 가르치는 곳이 매우 적었다. 환경 교사를 학교에 상주시키고, '환경'을 교육 목표로 세운 영국 등과는 대조적인 모습이었다. 상황이 이렇다 보니 한국에서 환경을 담당하고 교육하는 교사는 2023년 기준 전국에 41명(한국환경교사모임)뿐이다. 환경 교사 자격증을 취득한 교사는 이보다 많지만, 과목이 없다 보니 실질적으로 환경 교육을 하고 있는 선생님은 40명가량인 것이 현실이다. 환경을 교과목으로 선택하더라도 사회 교과목 등 비전공 교사가 가르치는 식이다. 이러한 상황에서 한국의 1인당

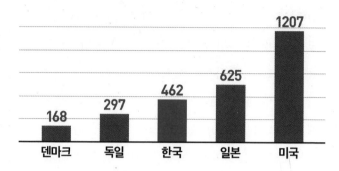

세계 주요국 1인당 물 사용량 (m³)

덴마크	독일	한국	일본	미국
168	297	462	625	1207

자료 Statista(2020년)

하루 평균 물 사용량이 유럽에 비해 많게는 2.7배 수준으로 2020
년 기준 462세제곱미터(환경부)인 것은 어쩌면 우연이 아닐지 모
른다.

실제로 최근 한국은 물 위기를 겪기도 했다. 2023년 3월, '50년
만의 최악의 가뭄'을 겪었다. 서울을 포함한 수도권에서는 이를
직접 체감할 수 없었지만, 전라남도를 비롯한 지역에서는 제한급
수를 고려할 정도였다. 광주 시민의 식수원인 동복댐은 14년 만
에 저수율이 10%대로 떨어지기도 했다. 또 다른 식수원인 주암
댐 역시 상황이 크게 다르지 않다 보니 영산강 물까지 끌어다 쓰
고 있는 상황이었다.

(영산강 물을) 이렇게 비상으로 공급한 것은 처음이고요. 비

가 오지 않는 극단적인 상황에서는 6월 하순 정도에 동복댐
은 고갈되고, 그럴 경우 5월 정도에 제한 급수를 할 수 있는
상황입니다. 임동주(광주광역시 상수도사업본부 물운용총괄과장)

이렇다 보니 식수가 부족한 것은 물론 논밭도 '쩍쩍' 갈라졌다.
여기에 더해 전남 완도의 한 초등학교에서는 급식 식단까지 바
꾸기도 했다. 설거지에 더 많은 물이 필요한 기름기 있는 반찬 대
신 나물 반찬이 나오는 식이었다. 물을 극단적으로 아껴야 하는
상황이 되면서 아이들이 먹는 식단에까지 영향을 미쳤던 것이다.
문제는 전문가들이 이 같은 극단적인 기후변화는 앞으로 주기가
더 짧아지고 변화의 폭은 더 커질 것이라고 예측한다는 점이다.

기후 위기 상황에서는 홍수와 가뭄같이 위아래 폭이 점점
늘어나 기록적인 폭우와 극심한 가뭄을 겪게 되는 것이죠.
또 그 간격도 점점 더 좁혀지다 보니 (물 관리 관련) 의사 결
정을 굉장히 신속하고 정확하게 하지 않으면 어려운 상황인
겁니다. 권현한(세종대학교 건설환경공학과 교수)

그렇기 때문에 물 관리를 체계적으로 할 필요가 있다. 특히 한
국의 환경은 더욱 그런 관리가 필요했다. 어느 나라보다도 물 자
원의 체계나 전략이 필요한 환경이었다. 한국은 강우량만 따지

면 전 세계 평균의 1.6배 정도로 수자원 양이 많은 것으로 분류된다. 하지만 대부분의 비가 여름에 집중해서 내리기 때문에 1인당 쓸 수 있는 양이 세계 평균의 6분의 1 정도에 불과하다. 그래서 '물 스트레스를 받는 국가'로 전문가들은 보고 있다. 이런 상황에서 앞으로 더 자주, 더 심하게 발생할 수 있는 가뭄에 대책이 필요하다는 지적이 나왔다. 무엇보다 여전히 부족한 '물관리 일원화'가 시급하다고 지적한다.

> 이런 비상 상황이 발생하게 되면 국가 단위에서 역할을 할 수 있는 조정 기관이 분명히 있어야 하는데, 국가 물관리위원회라는 조직이 생겼습니다. 그런데 '그냥 이렇게 했으면 좋겠다'라고 의견을 줄 수 있는 거지, 실질적인 조정 기능은 가지고 있지 않습니다. 그래서 비상 상황이 발생하면 물 저장 공간을 관리하는 기관들(환경부, 농림축산식품부, 산업통상자원부)이 모두 이해 당사자가 되어 갈등이 여전히 생길 수밖에 없습니다. 권현한

장기적으로 물 관리 체계부터 체질 개선을 하지 않으면, 어쩌면 우리 모두의 식탁을 위협받는 날이 머지않아 올지도 모른다.

14.7%

아동 재학대율

부모의 '처벌'이 아닌 '사랑'을 원하는 아이들

학대로 목숨을 잃은 아이들의 사망 원인을 국내에서는 최초로 심층 분석한 국립과학수사연구원(이하 국과수). 이들의 소망은 '죽은 아이들로 다른 아이들은 살리고 싶다'는 것이다.

> 저희가 분석을 하다 보니, 어찌 됐건 죽은 아이들이잖아요. 이 아이들을 부검하는 분들이 가지는 소망이 뭐냐면, '여기서 얻은 분석 결과를 아이를 살리는 데 쓰고 싶다'예요. 학대로 사망하는 데는 이를 유발하는 요인들이 있거든요. 이런 징후들을, 분석 결과를 바탕으로 알려줄 필요가 있다고 생각해요. 김희송(국과수 법심리실장)

아동 학대 건수는 해마다 꾸준히 늘고 있다. 아동 학대에 대한 인식이 달라졌기 때문이라고도 말한다. 하지만 그런 점을 감안하더라도 우려되는 것은 아동 학대로 2회 이상 적발된 '재학대 건수'였다. 2021년에 아동을 재학대해 발견된 건수는 5517건이었다. 그해 발생한 3만 7000여 건의 아동 학대 가운데 14.7%(보건복지부, 아동 학대 주요 통계, 2021년)로, 역대 최고치를 기록했다. 2020년 10월 13일 발생한 '정인이 사건'의 예처럼 학대 가해자가 양부·양모인 사례가 부각되기도 하지만, 아동 학대에서 가장 높은 비중을 차지하는 것은 단연코 친부모다. 재학대에서도 가해자가 친부모인 사례가 92.2%로 압도적으로 많았다. 그런데 그런 피해 아동들, 정확히는 4176명 가운데 74.4%는 학대가 발생한 '원가정'으로 돌아갔다.

원가정 보호라는 게 말 자체가 좀 이상하지 않나요? 범행 가해자가 범죄 피해자를 보호하도록 한다는 건 아동 학대 외에는 없습니다. 아동 학대는 일반 가정 폭력과 마찬가지로 습관성이거든요. 습관적으로 폭력을 행사하는 사람들한테 아무런 조치 없이 불가항력인 이 어린아이를 보호하라고 한다는 건 말이 안 됩니다. **공혜정(대한아동학대방지협회 대표)**

아동 폭력이 발생한 원가정으로 돌아가는 데에는 현실적인 어려움이 반영되어 있다. 현행법에서 '원가정 보호 원칙'을 명시한 데다, 학대 피해 아동 쉼터는 전국에 98곳뿐이다. 수용 인원이 1162명(보건복지부, 2021년)에 불과하다는 현실적인 이유도 있다. 아동 학대는 기하급수적으로 증가하는데, 쉼터 증가는 더딘 상황이다. 문제는 원가정으로 복귀시킨다면 '원가정 회복'을 위한 지원이나 대책이 동반되어야 하는데, 이 역시 턱없이 부족하다는 점이다. 실제로 아동 학대가 발생한 가정을 상대로 심리 치료나 의료 서비스를 지원하기는 하지만, 전화 상담 같은 단순 상담 비율이 67.5%로 대부분이고, 심리 치료 지원은 8.1%에 불과했다.

(아동 학대는) 단 몇 번의 상담으로 고쳐지지 않습니다. 아동에 대한 심리 치료도 같이 진행되어야 하고요. 이런 프로그램들이 장기간에 걸쳐 진행되면서 이제는 집으로 돌아가도 안심할 수 있겠다고 했을 때, 원가정으로 복귀시켜야 합니다. **공혜정**

아동 학대 피해 아이들은 '나는 원래 이래도(때려도) 되는 사람이야' 하는 좀 그런 게 있어요. 항상 자존감이 없어요. 눈치를 되게 많이 봐요. 그런데 몸에 난 상처는 잘 보이는 만큼 잘 치료가 되지만, 마음속 상처는 심리 치료가 오래 꾸준히 들어가야 하는데, 그렇지 못한 게 저는 너무 아쉽거

든요. 이수진(대한아동학대방지협회 대리)

제대로 상담이 이뤄지지 않는 이유는 무엇보다 담당 인력 부족이다.

1인당 45~50가정 이상의 사례를 배정하고 있거든요. 그런데 저희가 가정방문을 할 때 2인 1조로 같이 합니다. 그럼 한 달에 100가정을 같이 가야 하는데, 되게 어려운 현실이죠. 오정아(세이브더칠드런 국내사업팀)

실제로 따져 보니, 학대가 일어난 후 이를 관리하는 아동보호 전문 기관은 전국에 85곳이고, 종사자 수를 다 합쳐도 1449명뿐이다. 또 초기에 아동 학대 여부를 판단하는 아동보호 전담 공무원 역시 852명으로, 한 사람이 담당하는 사례만 평균 51건에 달하는 실정이다. 게다가 아동보호 전담 공무원의 근속 기간은 평균 12개월로, 전문성을 갖추기도 쉽지 않다. 이런 상황에서 아동학대 부모가 이들의 방문을 거부하면 현실적으로 강제하는 것이 쉽지 않다고 한다.

가정방문 오는 것 자체를 거부하고, 만나는 걸 거부한다고 했을 때 아동보호 전문 기관 상담원분들이 어려움이 많죠.

300만 원 미만 과태료 처분을 내릴 수 있게 되어 있지만, 과
태료 처분이 나오는 경우는 매우 미미해요. 오정아

이처럼 열악한 환경에서 아이들이 원가정으로 돌아가고 있었
던 것이다. 학대 아동 심리 치료 등의 지원도 당장 시급하지만, 장
기적으로 제도를 개선하기 위해서는 무엇보다 제대로 된 '아동
학대 조사'부터 시작해야 한다는 지적이 나온다. 적어도 아동 학
대로 사망한 아이들만이라도 말이다.

미국 같은 경우에는 어떤 경우라도 아이들이 사망하면 그
게 사고든 뭐든 전수조사를 합니다. 그냥 넘어가지 않는 거
죠. 병원 기록을 확인하고, 그다음에 면담도 해보고, 현장도
가보고 검토해서 일일이 다 시스템을 올리는 거죠. 말도 못
하는 그런 아이의 죽음을 국가가 아니면 누가 정확하고 정
밀하게 봐줄 수 있을까요? 김희송

우리는 국과수에 부검 의뢰가 들어온 사건에 한해서만 부검을
실시하는 정도다. 2019년에 국과수 연구팀이 2016년 발생한 아동
(0세~18세) 변사 사례 341명을 기반으로 아동 학대로 인한 사망
과 유형을 분석한 정도가 특징적인 조사였다.
결국 아동 학대 문제를 해결하기 위해서는 현재 어떤 이유로

아동 학대가 일어나고, 사망까지 일어나는지 철저한 조사가 필요하다. 그리고 이를 바탕으로 아동 학대 문제를 체계적으로 관리하기 위해서는 컨트롤타워가 필요한데, 미국이 '아동국'을 만들어 대응하는 반면 우리는 보건복지부 내 '아동 학대 대응과'에 그치고 있다.

실제로 비대면 설문 방식으로 아동 학대 피해 아동들의 이야기를 직접 들어 보았다. 전혀 예상하지 못한 답변들이 돌아왔다. 응답에 나선 스무 명의 학대 피해 아동들은 부모를 원망하기보다는 '평범한 행복'을 원하고 있었다. 어른들이 고쳐 주었으면 하는 게 있는지 묻는 답변에도 한 쉼터의 아동은 이렇게 답을 썼다.

고쳐 주었으면 하는 건 없고, 저를 더 사랑해 주었으면 좋겠어요. **학대 피해 아동**

애들은 그런 것 같아요. 아무리 나를 때리고 우리 엄마 아빠가 나를 굶기고 했어도 벌 받게 해주세요, 그러지 않아요. 우리 엄마 아빠가 나를 사랑하게 해주세요, 이제 나를 때리지 않고 나를 사랑하게 해주세요, 이렇게 애들은 생각하더라고요. **이수진**

17.3%

학교 폭력 미신고율

진정한 사과는커녕 신고해도 돌아오는 것은……

날 좀 도와줬다면 어땠을까. 친구라든가, 신이라든가, 뭐 하다못해 날씨……

넷플릭스 드라마 〈더 글로리〉의 주인공 동은이의 독백이다. 이 드라마에서 피해 학생을 괴롭히는 수법으로 등장한 일명 '고데기 열 체크.' 정말 저런 일이 있었을까 싶지만 실제로 2006년 청주의 한 중학교에서 있었던 학교 폭력이다. 그리고 그보다 더한 학교 폭력은 모두 열거하기 힘들 정도로 많고 빈번했다. 특히 과거와 달라진 점은 학교 폭력이 온라인과 오프라인을 넘나들고 있다는 점이다. 2023년 1월에는 대구에서 중학생 두 명이 모텔에서 동급생의 옷을 강제로 벗긴 뒤 소셜미디어에 이를 생중계하는 일

학교 폭력 피해 (명)

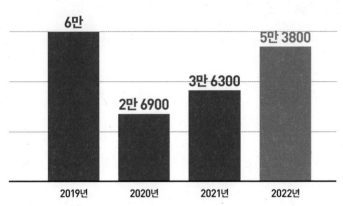

6만   5만 3800

3만 6300

2만 6900

2019년   2020년   2021년   2022년

출처 교육부

도 벌어졌다. 이처럼 학교 폭력은 사이버 공간까지 넘나들고 있다
는 것이 최근의 특징이다.

사이버 성폭력이 많이 이뤄지고 있어요. 지우기가 굉장히
쉽지 않아요. 그것 때문에 굉장히 고통스러워하는 경우를
많이 봤습니다. 24시간 괴롭힘을 당할 수 있는 것이기 때문
에…… 최선희(푸른나무재단 상담본부장)

교육부의 학교 폭력 실태 조사에서 피해를 입었다고 답한 학생
은 2022년 기준 약 5만 3800명(교육부, 1차 학교 폭력 실태 조사, 초

4~고3 재학생 321만 명 대상). 코로나로 인한 비대면 수업으로 줄어들었던 학교 폭력은 코로나 이전 수준으로 돌아간 것으로 나타났다. 또 다른 실태 조사에서는 학교 폭력 피해 가운데 '사이버 폭력'이 31.6%로 가장 많았고, 신체 폭력 11.9%, 성폭력도 1.5%로 집계되었다(푸른나무재단, 2021년 12월 22일~2022년 2월 20일, 초중고 재학생 6004명 조사). 취재진이 만난 20대의 학교 폭력 피해자는 어느덧 피해를 당한 지 16년이 지났지만, 이를 극복하는 데는 생각보다 긴 시간이 필요해 보였다.

> (학교 폭력을) 중학교 3년 내내 당했고요. 여자아이들 앞에서 바지 벗기고 팬티 벗기고 보여주는 식으로 진행도 되고…… 얼굴에다 침이랑 가래 뱉고 그다음에 주차장에서 굉장히 구타를 심하게 당했는데 아직도 못 잊어서 어두운데 못 들어갑니다. 주차장도 무섭고요. 학교 폭력 피해자(29세)

중학생이었던 그는 용기를 내어 피해를 알리는 것도 쉽지 않았지만 그 후 학교 폭력을 멈추게 하는 건 더 어려웠다고 한다. 그렇게 중학교 3년 내내 학교 폭력을 당했는데, 매년 반만 바뀌었을 뿐 그를 괴롭힌 건 언제나 학급의 3분의 1가량의 같은 반 친구들이었다고 한다. 그렇게 집단 따돌림은 멈춰지지 않았다.

담임 선생님이 어떻게 조치를 취하셨냐면, 가해 학생들 앞에서 제 이름을 대놓고 말하고 애들을 불러 체벌했어요. 애들이 복수심 때문에 오히려 더 강하게 나와서 중3 때도 역시나 또 반복되고……. 왜냐면 소문이 나기 때문에 반이 바뀐다고 해도 벗어날 수가 없더라고요. 학교 폭력 피해자(29세)

실제로 학교 폭력이 일어나면, 학교 내에서 학교장을 중심으로 조정을 시도하고 처분 결과에 동의하지 않으면 지역 교육청의 학교폭력대책심의위원회가 열리게 된다. 여기서 가해 학생에게 최대 '퇴학(9호)' 처분까지 가능하지만, 대다수는 생활기록부에도 남지 않는 솜방망이 처분(1~3호)에 그친다. 게다가 그 과정에서 피해 학생들이 가장 원한다고 답한 '진심 어린 사과'는 이뤄지기 힘들다. 앞서 언급했던, 대구에서 동급생의 옷을 벗기고 생중계한 사건도 소송까지 이어졌지만 16세 가해 학생은 징역형을 받은 1심 결과를 뒤집고 항소심에서 집행유예 선고를 받는 데 그쳤다.

또 다른 학교 폭력 피해자는 학폭으로 인해 극단적 선택을 시도했다. 견디다 못해 학교에서 투신했지만, 기적적으로 살았다. 그에게 '가장 먼저 뭘 바꿔야 한다고 생각하는지' 묻자 그의 대답은 의외였다. 그는 학교 폭력이란 가해가 사실상 별다른 이유 없이 벌어지다 보니 무엇보다 학교 폭력을 예방할 수 있는 '교육'이 필요하다고 말했다.

학교 폭력 처분의 종류

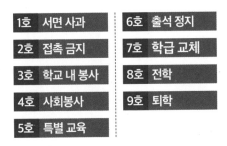

1호 서면 사과	6호 출석 정지
2호 접촉 금지	7호 학급 교체
3호 학교 내 봉사	8호 전학
4호 사회봉사	9호 퇴학
5호 특별 교육	

얘는 나보다 그냥 낮은 애야, 그런 분위기가 형성되어 버리면 그냥 걔는 왕따를 당할 수밖에 없는 거잖아요. 그런 분위기를 깰 수 있는 교육 환경을 만들어야 된다고 생각해요. 결국 그게 가장 중요한 거죠. **학교 폭력 피해자(25세)**

현재 학교 폭력 교육은 학교 폭력 예방법에 따라 학기별로 1회 이상 실시하도록 하고 있을 뿐이다. 이런 상황에서 학교 폭력 피해를 당하고도 신고하지 않았다는 응답은 2022년 기준 9.2%였다(교육부, 1차 학교 폭력 실태 조사, 2022년, 초4~고3 재학생 약 321만 명 참여). 학교 폭력을 신고하지 않았다는 응답자 가운데 주목해야 할 수치가 있었다. 바로 17.3%. 학교 폭력 피해를 당하고도 왜 신고하지 않았는지 이유를 물었더니, "이야기해도 소용이 없을 것 같아서"라고 답한 비율이다. 이런 '불신'이 있다면 학교 폭력에 제대로 대처할 수 없다. 현재 학교 내에는 현직 경찰인 '학교 전담 경찰관이 있지만, 전국 1023명의 경찰관이 각각 담당하는 초중고교 학생 수는 5569명으로 5000명이 넘는 실정이다(교육부·경찰청, 2022년).

학교 폭력 피해자들에게 물었다. "그때로 돌아간다면, 어떻게 할 것인가?" 두 사람이 모두 그때 자신의 모습을 후회한다고 했다. 한 차례도 폭력에 반항하지 않고 그저 힘의 논리를 받아들인 것, 그것이 후회된다며 다시 돌아간다면 그렇게 하지 않을 것이라고 했다. 학교 폭력을 막기 위해 가장 중요한 건 피해자들이 자책하지 않게 하는 것이다. 그리고 가해자들이 진정으로 반성하게 하는 것이 아닐까.

18%

MZ세대 '전화 통화 선호' 비율

코로나19가 남긴 '콜포비아'

전화 통화를 두려워하거나 기피하는 현상을 뜻하는 '콜포비아.' Z 세대를 중심으로 그런 증상이 심화된다고 한다. '전화하는 건 나도 늘 부담인데. 괜히 전화하기 싫으니까 그럴듯하게 만들어 낸 용어 아닐까?' 이것이 사실 Z세대의 콜포비아를 바라보는 솔직한 심정이었다.

기자가 되어서 하게 된 일 중 하나는 모르는 사람에게 전화를 걸어 대화를 이끌어 내는 것이다. 그것도 그 사람의 치부가 될 수 있는 내용의 대화를. 매번 전화를 끊고 싶어 하는 상대방과 조금이라도 더 들으려고 하는 나 사이에서 신경전이 벌어지는데, 그렇게 통화를 마치고 나면 진이 빠져 어디 가서 잠깐 쉬고 싶은 마음이다. 게다가 전화를 방금 끊었는데 다시 물어볼 게 생기기라

도 하면 다시 전화를 걸 용기가 나지 않아 조용히 메시지 창을
열기도 했다. 그러다가 "그래서 (인터뷰이가) 뭐래?"라는 부장의 질
문이라도 나오면, 행여 전화하지 않고 메시지만 보낸 것이 들통이
날까 화들짝 놀라기 일쑤였다. 그것을 '콜포비아'라는 명칭 뒤에
숨기거나 당연시 여기는 건 아닐까? 그래서 20대 대학생 세 명을
상대로 작은 실험을 해보았다.

　실험에 참여한 대학생 세 명에게 '코로나19를 보낸 소회'에 대
해 메일을 작성해 달라고 요청했다. 약 10분간 메일을 작성한 후,
한 명씩 별도의 장소로 이동해 갑자기 전화를 걸었다. 이미 쓴 내
용에 대해 물었는데, 셋 가운데 둘은 통화가 불편했다고 했다.

> 생각보다 말하는 게 쉽지 않았고, 계속 더듬어서 좀 많이
> 힘들었던 것 같아요. 김태우(23세)

> 메일로 써본 것임에도 불구하고 전화로 다시 말하려고 하니
> 까 당황하고 좀 많이 생각해 보게 된 것 같아요. 최인선(23세)

　실험에서만이 아니라 평소에도 전화 통화를 꺼리는 건 마찬가
지라고 했다. 특히 친구에게 급하게 만나자는 제안을 할 때에도
전화를 하기보다는 계속해서 짧은 문자를 연이어 보내는 '폭풍
문자'를 통해 상대방 휴대폰의 진동이 끊이지 않도록 메시지를

110

보내고, 그래도 답이 없으면 전화를 걸어 "답장해"라고 말하고 바로 끊는다고 했다. 그런데 이렇게까지 전화를 피하는 이유가 흥미로웠다.

상대방이 언제 무슨 얘기를 할지 미리 준비가 안 된 상태고,
제가 그때 바로 대답을 어떻게 해야 할지 당황할 수 있기 때문이에요. 최인선

답이 준비되지 않은 상태여서라는 건 생각지 못한 이유였다. 그리고 흥미로움을 넘어 안쓰러운 상황일 수도 있다는 생각을 한 것은 이 답변을 들은 뒤였다.

교수님 전화였는데, 안 받았어요. 중요한 전화를 거절했고,
통화가 필요한 상황에도 제가 먼저 걸지 않는 상황도 몇 번
있었기 때문에 이런 제가 저 스스로도 불편했던 적도 많았어요. 김태우

즉 받지 않으면 안 된다는 생각을 했는데, 받지 못했다는 것이었다. 실제로 1980년에서 2005년 사이에 출생한 사람들을 대상으로 실시한 설문 조사(알바천국, 2022년 실시)에서 응답자의 약 30%는 통화할 때 불안감, 이른바 '콜포비아'를 느낀다고 답했다.

특히 Z세대로 불리는 20대에서 이런 문제가 나타나는 이유도 있었다. 전문가들은 누구나 소통의 난이도로 따지면 문자 메시지가 통화보다 더 쉽지만, 이들이 전화 통화에 일부·'공포'까지 느끼는 것은 세대의 특성에 더해 지난 3년간 지속된 코로나19가 결정적이었다고 보았다.

> 옛날에 유선 전화기가 있을 때는 전화를 받을 수 있는 사람이 그냥 받으면 됐어요. 개인이 받고 안 받고는 그렇게 자기하고 관계가 없었거든요. 그런데 지금 젊은 세대들은 휴대폰 세대죠. 내가 먼저 전화를 하면 그 사람의 사생활을 침범하는 건 아닌가 하는 우려도 좀 있고, 효율적이기도 하니까 '일단 메모를 남기자' 이런 마음에서 시작됐을 것 같아요. 그런데 사회적 경험을 해야 하는 (대학생) 시기에 코로나가 왔단 말이죠. 전화도 안 하고 톡만 하게 되면 (사회적 교류) 기능이 좀 더 약화되고, 약화되다 보면 사람을 기피할 수 있고 전화도 기피할 수 있고 조금 우려스러운 점들이 있죠. 최진영(서울대 심리학과 교수·한국심리학회장)

한국의 경우 특히 고등학교 시절까지는 학업 경쟁으로 다양한 인간관계를 맺기 어렵다. 그렇기 때문에 보통 대학생이 되면서 처음으로 다양한 인맥을 쌓으려 노력한다. 이 시기에 코로나19를 맞은 세대는 다양한 사람을 대면할 계기가 사라져 버린 것이다. 또 그 시기에 직장 생활을 시작한 이들도 크게 다르지는 않았다. 비대면으로 업무를 지시받았고, 회식이나 저녁 식사 자리도 좋든 싫든 애당초 별로 없었다.

> 입사하기 전부터도 전화 자체가 두려웠어요. 배달을 시킬 때도 지금은 전화가 아니어도 할 수 있는 매체가 너무 다양해져서 전화를 할 필요가 별로 없었죠. 회사 와서도 그랬고요. 최예림(27세)

문제는 콜포비아가 단지 전화를 두려워하는 소심함으로 끝나지 않고 코로나19 이후 '청년 우울증'이 가장 많이 늘어난 것과 무관하지 않다는 진단도 나온다는 점이다. 무엇보다 사회적 교류가 활발해지는 시기에 교류가 아닌 '무력감'을 학습하게 되었다는 것이다. 실험 참가자 가운데 유일하게 '전화 통화'가 불편하지 않았다고 답한 학생도 지난 대학 생활을 이렇게 표현했다.

> 1학년 때는 외부 활동이나 동아리, 소학회 등 다양한 활동을 좀 많이 했어요. 코로나가 터지면서 순식간에 물거품이 되어 버린 기분이었어요. 그러면서 집에서만 수업을 듣고 친구들도 볼 수 없고…… 제가 좀 무기력해지더라고요. 이나혜(25세)

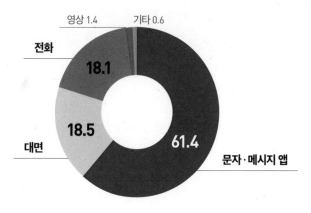

소통 방식 선호도 (%)

영상 1.4 기타 0.6

전화 18.1

대면 18.5

61.4 문자·메시지 앱

출처 알바천국 설문 조사

'콜포비아'로 불리는 전화 기피 현상과 관련해 주목한 퍼센트
는 바로 18%다(알바천국, 1980~2005년생 2735명 설문 조사, 2022년 실
시). MZ세대로 불리는 응답자 가운데 대화 방식으로 "전화 통화
를 선호한다"고 답한 비율이다. 나머지 60% 넘는 응답자는 전화
대신 문자 메시지나 카카오톡 같은 앱 대화를 더 선호한다고 했
다. 흥미로운 것은 이처럼 전화보다는 문자 메시지가 편하고 '콜
포비아'까지 느낀다고 답한 응답자 가운데 85%가 "콜포비아에 대
해 나만의 대응 방법이 있다"고 답한 부분이었다. 그런데 그 방
법을 살펴보니, 가장 많은 응답은 "모르는 번호는 잘 받지 않는
다"(38.3%)였다. 즉, 전화를 무시하는 것 외에 별 방법이 없다는
뜻이었다.

이를 극복하기 위해서는 무엇보다 실패하고 경험해 보는 연습
이 필요하다고 전문가는 조언했다.

사실 친구가 바빠서 전화를 못 하고 끊으면 그걸 본인에 대
한 평가로 해석하는 경우가 꽤 있어요. 그렇게 되면 자신감
이 없어지고 전화 걸기가 더 힘들어지는데, 사실은 '진짜 그
런 걸까' 논박을 하면서 이걸 풀어내는 거죠. 이런 훈련도
좋고요. 또 마음이 편한 친구나 가족에게 연습을 하는 것들
이 필요해요. 이게 뇌 기능이기 때문에 실수를 통해 배우는
거죠. 조금씩 실수하면서 그 기능을 회복할 수 있도록요. 최
진영

콜포비아. 질병은 아니지만 요즘 젊은 세대의 무력감이나 우울
증과 무관하지 않다면, 우리 사회가 지금 바로 고민해야 할 문제
가 아닐까.

21.7%

월 외출 3회 이하 장애인 비율

그들이 '나쁜 장애인'이 된 이유

전국장애인차별철폐연대의 지하철 시위는 2021년 말부터 시작되었다. 출퇴근길의 지하철을 세워 가며 벌이는 시위 형태이다 보니 출근길에 발이 묶인 시민들에게 '나쁜 장애인'으로 불리기도 했다. 그럼에도 불구하고 이들이 시위를 이어가고 있는 이유 중 하나는 바로 장애인의 '이동권'이었다.

그래서 이들이 어떻게 이동할 수 있는지 살펴보았다. 먼저 보건복지부의 2020년 실태 조사에서 지난 한 달간 외출 횟수가 '3회 이하'라고 답한 장애인 응답자는 21.7%로 집계되었다. '월 1~3회'라는 응답이 12.9%, '전혀 외출하지 않았다'는 응답도 8.8%였다. 이 수치를 주목한 이유는 외출이 쉽지 않으면 일상은 물론 경제 활동의 기회마저 차단될 수 있기 때문이었다.

이들이 이동할 때 가장 현실적인 수단은 지하철뿐이었다. '콜택시'를 선호하지만, 평균 대기 시간은 2022년 기준 39분이었다. 이용 시간대에 따라 대기 시간 편차가 크다 보니 시간 약속을 지키기 위해서는 콜택시 타는 것을 포기한다고 말했다.

출퇴근을 하는 사람이니까 그걸(콜택시를) 타면 지각을 해요. 제가 조금만 빨리 움직여서 지하철을 타면 지각을 안해요. 배재현(중증 장애인)

장애인 콜은 시간 약속을 못 해요. 병원 갈 때도 보통 한 시간 두 시간 전에 가야 해요. 강일수(중증 장애인)

휠체어로 탈 수 있는 '저상버스'의 비율은 2021년 기준 30.6%였다(국토교통부). 이마저도 시내버스에 해당하고, 시외버스는 0%였다. 게다가 저상버스라고 모두 이용할 수 있는 건 아니다. 탑승을 거부당할 수도 있기 때문이다. 저상버스 이용을 거부당해 본 적이 있다는 장애인 응답 비율이 48%로 나온 조사도 있다(국가인권위원회, 장애인 이용권 강화를 위한 개별적 이동 수단에 대한 실태 조사, 2019년). 실제로 버스를 타면서 휠체어를 탄 승객을 본 적이 있는가. 장애인들 스스로도 휠체어 타는 데 걸리는 시간을 감안해 포기한다고도 했다.

(버스를 타려고 하면) 타고 있는 승객들의 눈치를 보게 돼요. 앉아 있던 사람이 일어나게 되고 비켜야 되고 그러니까요. 쳐다보는 시선이 제가 느끼기엔 미안한 감이 많이 들죠. **강일수**

이러한 이유로 대부분의 장애인은 지하철을 주로 이용했다. 장애인이 타인의 도움 없이 이동할 수 있는 동선을 '1역사 1동선'이라고 하는데, 서울 지하철은 2023년 1월 기준 275개 역 가운데 257곳, 즉 93.4%까지 달성했다(서울교통공사). 대체 교통수단이 많다면 93.4%라는 수치가 '겨우 5.6% 부족할 뿐'이라고 볼 수 있지만, 다른 선택지가 많지 않다면 이동권을 위협받을 수 있다. 또 이미 1역사 1동선을 달성했다는 93.4%에 해당하는 곳 역시 장애인으로서 쉽지 않은 장벽이 많았다. 지하철의 환승 구간이 긴 10개 역을 따져 보았을 때, 장애인은 비장애인보다 환승 거리 자체도 7배나 차이 났고, 환승 소요 시간은 11배였다는 분석도 있었다(정예원, 〈교통약자 측면 도시철도 환승역 환승보행 서비스 수준 평가방법 연구〉, 2022년). 실제로 장애인의 시선으로 지하철을 타보았더니 더욱 실감이 되었다. 신설동역은 휠체어를 타고 1호선에서 2호선으로 환승하려면 개찰구를 통과한 후 승강기를 통해 역을 아예 나갔다가 횡단보도를 건너 다시 승강기가 있는 지하철 출구로 이동해야 한다. '1역사 1동선'이라고는 하지만 휠체어가 아니라 일반인의 걸음으로 걷는 데에도 15분이나 걸리는 거리였다.

그렇기 때문에 해외 선진국들은 장애인만을 위한 시설을 따로 설치하기보다는 애초에 모두가 사용할 수 있도록 하는 이른바 '배리어 프리(barrier free)'를 적극적으로 추진하고 있다. 모든 일반 택시에 아예 휠체어를 실을 수 있도록 하고, 지하철에서도 좌석 자체를 접이식으로 만들어 선택해서 사용할 수 있게 하는 식이다. 이 같은 이동권 확보를 통해 이들이 원하는 것은 수혜의 대상이 되는 것이 아니라 스스로 경제적 역할을 할 수 있는 환경이다.

저희가 아직도 '아무것도 하지 않고 살고 있구나'라는 인식이 깔려 있는 것 같습니다. 그게 너무나 가슴이 아파요. 소위 말하는 밥버러지처럼. **배재현**

장애인 가운데서도 유명하고 활발하게 경제활동을 하는 분이 있다. 바로 발달장애인 화가이자 배우인 정은혜 씨. 그 역시 화가가 되기 전에 처음 얻은 일자리는 '건물 청소'였다고 했다.

스무 살이 된 발달장애인 정은혜 씨가 갈 데가 아무 데도 없는 거예요. 그러면서 집에만 있게 됐어요. 은혜 씨가 갖고 있는 어떤 재능을 인정하기보다는 이 사람을 비장애인처럼 살도록 교육하고 훈련하고 그래야 한다는 생각을 많이 했던 것 같아요. **장차현실(정은혜 씨 어머니)**

화가인 엄마 뒤에서 그리는 소질을 발견한 정은혜 씨는 그림을 그리게 되었고, 특히 혼자 고립되지 않고 다른 사람과 소통할 수 있도록 '캐리커처'를 그리고 시작했다. 그 후 지금까지 그림을 그려 경제활동을 하고 있다. 이것이 가능하게 된 데에는 '권리 중심 중증 장애인 맞춤형 공공 일자리' 지원이 도움이 되었다고 했다.

동료들과 같이 그림을 그리면서 점심도 같이 먹고, 커피도 마시고, '썸'도 타고 하죠. 정은혜(화가·배우)

그와 그의 가족들은 이렇게 은혜 씨가 앞으로도 스스로 경제활동을 이어가 생활을 할 수 있게 하는 게 바람이라고 했다.

은혜 씨에게 제가 더 쓸모없는 존재가 되어 가는 것이 저의 바람이에요. 그래서 은혜가 부모가 없어도 혼자 힘으로 지역 사회 안에서 자기의 삶을 유지하고, 하고 싶은 일을 하고, 관계를 맺는 사람들을 포기하지 않고 살아갈 수 있는 삶을 지속적으로 갖게 하는 것, 그것이 저의 소원이죠. 장차현실

하지만 한국의 고용된 장애인의 32.6%가 단순노동에 그치고 있고, 고용률 역시 36.4%로 30%대에 머물러 있는 상황이다(한국장애인고용공단, 장애인 경제활동 실태 조사, 2022년 상반기). 현재 한국

에 등록된 장애인 수는 264만 4700여 명에 이른다(보건복지부, 등록 장애인 현황, 2021년). 전체 인구의 5.1%. 하지만 우리의 일터에서, 또는 음식점이나 카페에서 이 5.1%나 되는 이들을 마주치기 힘든 건 단지 우연이었을까.

인터뷰를 했던 한 장애인이 다른 장애인들에게 '세상에 부딪혀 보라'는 말을 해주고 싶다고 한 것도 결국 많은 장애인이 시설 밖의 차별을 마주하기보다는 나오기를 포기하는 것이 현실이기 때문일지 모른다.

동굴 속에 있지 말고 나와서 자기가 하고 싶은 일도 하고, 돈도 벌고, 같이 어울려서 열심히 살고 했으면 좋겠습니다. 정은혜

의기소침하게 집 안에 갇혀 있지 말고, 사회에 나가서 부딪히다 보면 살아갈 수 있는 눈이 더 넓어질 겁니다. 그래서 최대한 배울 수 있을 때까지 배우고, 사회생활을 어떤 식이든지 지속해 보라고, 그렇게 말해 주고 싶네요. 강일수

23%
한국에서 AI로 사라질 직업 비율

AI가 던져 준 숙제들

2023년 전 세계를 속이며 미 금융시장에까지 영향을 미쳤던 한 장의 사진이 있었다. 미 국방부인 '펜타곤' 주변에 폭발물이 터진 모습인데 인공지능, 즉 AI를 이용해 만든 가짜 사진이었다. 트위터에 올라온 이 한 장의 사진으로 전 세계에서는 속보가 쏟아졌고, 미 주가도 출렁였다. 전문가들은 'AI가 실제 금융에도 영향을 미친 최초의 사건'이라고 분석했다.

AI로 가짜 이미지를 만드는 것이 쉬운 일인지 직접 시도해 보았다. 이미지 생성 AI인 '미드저니'라는 프로그램을 통해 '한국 국방부 건물의 화재 모습'을 주문해 보았다. 어떤 이미지를 만들지 주문하는 명령어를 영어로 넣어야 하는 번거로움이 있었지만, 입력 후 1분도 되지 않아 금방 이미지를 만들어 냈다. 한국뿐 아니

AI 미드저니가 그린 '불타는 국방부'   AI 미드저니가 그린 '불타는 프랑스 엘리제궁'

라 화염에 휩싸인 프랑스 엘리제궁 모습도 마찬가지였다. 비슷한 주문을 반복하자 명령어가 '위험하다'며 만들기를 거부했지만, 어찌 됐건 관련 이미지를 얻어 내는 것은 어렵지 않았다.

이처럼 AI로 가짜 이미지가 만들어지고 유통되는 것, 전문가들은 "이제 시작"이라고 입을 모아 진단했다. 특히 챗GPT를 비롯한 AI는, 과거의 '메타버스'나 'VR(가상현실)'보다 훨씬 더 우리 일상에 빠르게 침투할 것이라고 진단했다. 실제로 대학과 회사, 언론계까지도 대표적인 AI인 챗GPT 사용을 어느 정도 허용할지를 놓고 가이드라인이 나오기 시작했다. 그뿐 아니라 대선을 1년 여 앞둔 2023년 미국에서는 이미 AI가 정치 분야에서 활발히 쓰이고 있다. 2023년 4월 미 공화당이 공개한 30초짜리 영상은 바이든 대통령이 재선에 성공할 경우를 가정한 것인데, 모두 AI가 만든 가상의 모습이었다. 바이든이 재선에 성공한다면 9·11 같은 테러로부터 자유롭지 못하고, 이민자들 때문에 국경이 무너지고, 범죄가 극성을 부리는 모습을 마치 실제처럼 보여주었다. 공화당 지지자들이 우려하는 모습을 현실처럼 눈앞에 펼쳐 주었던 것이다.

적은 비용으로도 이처럼 AI를 이용해 가짜 이미지를 만들기가 쉬워져 이미 빠르게 퍼져 나가고 있다. AI로 가짜 뉴스를 만들어 내는 사이트가 전 세계에 125개나 된다는 조사 결과도 있다(NewsGuard). 문제는 '가짜와의 전쟁'이라고 할 수 있을 만큼 AI가 악용되면 피해가 이전과는 차원이 다를 수 있다는 점이다. 정치 영역에서는 양극화를 심화하는 정도의 부작용이지만, 범죄에 악용되면 되돌릴 수 없는 피해를 줄 수도 있기 때문이다. AI로 목소리를 진짜처럼 재연해 보이스 피싱 등의 범죄에 사용하는 식이다.

이처럼 AI로 인한 여러 부작용이 예견되지만, 현재로서는 이를 규제하기에는 한계가 있다는 지적이 나온다. 실제로 해외에서는 AI를 규제하는 내용의 '인공지능법' 도입을 위한 논의가 진행 중이고, 한국에서도 AI 표기를 의무화하는 법안이 발의된 상태다. 하지만 이렇다 할 규제가 마련된다고 하더라도 AI의 발전 속도에는 미치지 못할 수 있다. 그렇기 때문에 규제는 필요하지만, 어느 정도 시간이 필요하다는 지적도 나온다.

과거 인터넷이 나오면서 음악들이 불법 공유가 많이 됐습니다. 다양한 방식으로 규제하려고 했지만, 전혀 규제가 되지 않았어요. 음악 스트리밍 서비스가 나오면서 정리가 된 것이죠. 마찬가지로 AI에 대한 규제는 필요하지만 지금부터 규제한다고 규제할 수가 없어요. 인공지능이 진화하는 속도가 너무나도 빠르고요. 어느 정도 이 고통을 겪으면서 효과적인 대응 방안, 효과적인 규제 방안 등을 논의할 수밖에 없습니다. 강정수(《생성 AI 혁명》 저자 · 미디어스피어 박사)

이런 부작용 외에도 AI의 등장과 관련해 가장 흔한 우려는 바로 현존하는 직업이 얼마나 AI로 대체되느냐였다. 세계경제포럼은 2023년 각국의 일자리가 얼마나 AI로 대체될지에 대한 분석 보고서를 내놓았는데, 한국에 대해서는 "한국 일자리의 23%는 앞으로 5년 내에 사라질 것"이라고 전망했다. 블루칼라 노동자보다 화이트칼라 노동자의 직업이 AI로 인해 사라질 확률이 높다는 전망도 나온다.

중간 혹은 조금 낮은 단계의 사무직 노동자들에 (AI가) 직접적으로 영향을 미칠 확률이 대단히 높은데, 이른바 중간 계급의 붕괴라든지 악화가 더 심화되는 방식인 거죠. 김상학 (한양대학교 사회학과 교수)

AI 때문에 '빈부 격차' 역시 심화할 수 있다는 가능성도 제기
되었다. 그동안 새로운 기술 혁신은 주로 빈부 격차를 더 강화하
는 쪽으로 진행되어 왔다. 특히 한국은 빈부 격차가 이미 극심한
수준이다. 통계청이 집계한 바에 따르면, 2022년 3월 기준 하위
20% 가구의 자산은 상위 20%의 단 1.5% 수준에 그쳐 역대 최
대 '빈부 격차'로 기록되었다. 또 디지털 정보 격차에서도, 4대 정
보 취약 계층으로 불리는 저소득층과 고령층, 장애인과 농어민의
디지털 정보화 수준은 일반인의 76.2%에 그쳤다(과학기술정보통신
부, 2022년 디지털 정보 격차 실태 조사). 따라서 AI 기술에서도 이들
이 상대적으로 소외될 수 있다.

> 사회·경제적 지위를 가지고 있던 사람들이 상대적으로 더
> 쉽게 진입하거나 그것을 사용해 편익을 취할 가능성이 훨씬
> 더 높기 때문에 기존의 사회·경제적 불평등은 강화될 가능
> 성이 높고요. 김상학

그렇기 때문에 소외 계층을 포함하여 모두에게 AI를 접하게 하
고 이에 대한 위험성 등을 알리는 교육이 필요하다는 지적이 나
온다. 우려 속에서도 동시에 AI를 적극적으로 활용하는 것이 희
망이 될 수 있기 때문이다.

기본적으로 인공지능은 인간이 사고해야 할 도구입니다. '전기'처럼 과거에 불가능했던 것을 가능하게 해주는 중요한 도구라는 것이죠. 그뿐 아니라 사회적으로 이러한 교육들이 있어야 해요. 강정수

실제로 최근 AI가 사람의 생명을 살리는 데 결정적 역할을 했다. 2023년 8월, 혼자 사는 80대 어르신이 탈수 때문에 갑작스러운 두통과 호흡곤란을 느꼈다. AI 스피커를 향해 "깨비야 도와줘"라고 외쳤고, AI 스피커가 이에 반응한 덕분에 AI 스피커 관리 업체 직원이 119에 전달하여 위급한 상황을 모면했다. 이처럼 AI는 직업을 대체하는 것이 아니라 기술 발전을 활용하는 방식으로 얼마든지 활용될 수 있다. 앞으로 AI의 영향이나 이로 인한 부작용에 대해 챗GPT에게도 물어보았다. "적절한 규제와 감독 체계를 마련한다면 빈부 격차를 줄이는 방향으로도 AI 기술을 활용할 수 있다"는 청사진을 내놓았다. AI를 어떻게 유리한 도구로 사용할 것인지는 인간이 마저 풀어야 할 숙제일 것이다.

25.3%

경력 단절 여성 비율

부부 간 육아 '기회비용'의 큰 격차

지금 제 모습이, 제가 20대 때 그렸던 30대의 모습은 아닌
것 같아요.

여섯 살 미취학 아동을 둔 서른다섯 살 여성은 자신의 현재 모
습을 이렇게 표현했다. 꿈도 많았고, 일할 당시 업계에서 인정도
받았지만 현재까지 일을 이어 가는 건 자신이 아니라 동종 업계
에 있던 남편뿐이라고 했다. 이제 아이를 어느 정도 키워 다시 구
직 활동을 하고 있지만 쉽지 않다는 그는 경력 단절 여성, 이른바
'경단녀'였다.

경단녀를 만나는 일은 한국 사회에서 어렵지 않다. 2022년 집
계한 경단녀 수는 114만 6000명에 이른다(통계청, 2022 상반기 지역

별 고용 조사). 18세 미만 자녀와 함께 사는 기혼 여성(15~54세, 453만 6000명) 가운데 25.3%로, 네 명 가운데 한 명꼴이었다. 아이를 키우는 여성 넷 중 하나는 왜 경단녀가 되었을까. 출산과 육아, 자녀 교육이 그들이 말한 경력 단절의 주된 이유였다.

'맘카페'에서 어렵지 않게 접할 수 있었던 그들의 사연은 2023년에 듣기에는 어머니 세대의 얘기와도 크게 다르지 않아 서글펐다. 그리고 그들에게서 다음과 같은 공통점을 찾을 수 있었다.

한 가정 안에서 주 양육자는 대체로 소득이 더 적은 사람, 더 정확하게는 경력 단절로 인한 손해, 즉 기회비용이 적은 사람으로 결정되었다. 실제로 부부 간 기회비용이 일치할 때는 가정에서 경력 단절이 한 사람에게 집중되지 않았다. 인터뷰로 만난, 세 아이를 키우고 있는 '교사 부부'가 그랬다. 교육 공무원 특성상 육아휴직에 따른 승진 배제 등의 위험 요소가 적고, 무엇보다 한 사람이 계속 휴직하는 것보다 두 사람이 번갈아 써야 수당이 끊기지 않고 나오다 보니, 두 사람은 번갈아 6년간 휴직을 하면서 세 아이를 키우고 있었다. 경제적으로 가장 이득이고, 그와 동시에 기회비용은 적은 방식이었다.

제가 유급 육아휴직을 하고 그다음 해에도 육아휴직을 하면 무급이 되어 버리기 때문에 저희 남편이 (육아에) 투입된 거죠. 경제적 계산을 하고 이 계획을 짰던 거였어요. (육아

를 하는 데) 경제적인 부분이 가장 중요하다고 생각해요. 박
여울(교사, 세 자녀 어머니)

하지만 불행히도 대부분은 그렇지 못했다. 육아휴직에 따른
기회비용이 남성이 크다는 이유로 대부분의 여성이 주 양육자가
되었다. 취재 과정에서 접한 또 다른 부부도 그랬다. 두 사람 모두
같은 식품 업계에서 근무했다. 상품 출시에 몇 차례 성공하며 성
과를 인정받았던 건 둘 중 아내였지만, 육아 때문에 퇴사해야 했
던 것 역시 아내였다. 남편이 직급이 더 높았다. 또 앞으로 승진할
가능성도 남편이 더 높다고 판단했다. 그리고 무엇보다 결정적으
로 주변의 압박은 아내를 향하고 있었다. 아이가 아프거나 육아
때문에 가사 노동의 공백이 생기는 등 문제가 생기면, 모두 아내
에게 아쉬운 소리를 했다. 남편과 어린이집 선생님, 그리고 친정
부모님까지도. 결국 출산 후 얼마 지나지 않아 복직하면서까지
지키고 싶었던 직장을 아내는 그만두었다.

(어린이집에서 보육 교사가) '어머니, ○○(자녀)만 아침 일찍
와서 제일 늦게 가요', '너무 슬퍼 보여요' 이런 얘기를 자꾸
계속해요. 또 애도 계속 아프고 하면 죄책감이 컸어요. 집
에도 피해를 끼치지만 회사에도 마찬가지였어요. 애가 계속
아프다 보니까 출장을 가 있으면서도 연차를 계속 썼거든

요. 남편이 직급도 더 높다 보니까 제가 그만두는 게 맞다고
그때는 생각했던 것 같아요. 하영민(35세 경단녀)

재취업이 가능할 거라고 생각했지만, 구직 활동은 이미 2년째
이어지고 있다. 면접 결과를 보면, 애를 낳더라도 휴직이나 퇴사
가능성이 적은 남자가 선호되었다. 같은 여자 구직자라도 아이가
없는 여성이 더 유리한 듯 보였다. 그는 그렇게 자신이 면접에서
밀리는 게 느껴졌다고 했다.

이러한 사연이 한 사람만의 이야기가 아니라는 것은 수치로도
나타났다. 여성의 세대별 고용률을 보면 20대까지만 해도 남성보
다 높았다(기획재정부, 2021년). 하지만 보통 출산과 육아가 집중되
는 30대 중반 들어 여성의 고용률은 57.5%까지 뚝 떨어진다. 이

2021년 남녀 고용률 (%)

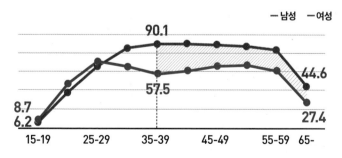

자료 기획재정부(2022년)

때 남성과의 격차는 30%p 넘게 난다. 대다수 경단녀가 발생하는 구간이다. 그 후 소폭 상승하지만, 남성과의 20%p 가까운 격차를 노년까지 끝내 더 좁히지는 못한다. 결국 우리 주변의 많은 여성은 경단녀로 그대로 남게 되는 것이다. 주변 현실을 그대로 보여주는 통계였다.

그렇다면 육아휴직에 따른 기회비용은 대부분의 가정에서 왜 남성이 더 클까? 한국 여성의 평균임금은 남성의 64.6% 수준에 그치기 때문이다(여성가족부, 2021년). 남녀 간 임금격차는 OECD 회원국 가운데 압도적 1위다. 적지 않은 여성의 출산과 육아로 인한 경력 단절은 결국 고용주에게 여성 직원을 고용할 때 휴직이나 퇴사라는 위험부담을 주게 된다. 결국 여성을 뽑을 때는 남성에 비해 일종의 임금 디스카운트 요소가 발생하는 셈이다. 이러한 현실에서 둘 중 한 사람이 쉬거나 일을 그만두어야 한다면, 늘 아내가 쉬는 것이 가정 내에서는 합리적인 결과가 된다.

그렇기 때문에 남성이 육아휴직을 선택하는 것은 의지의 문제를 넘어서서 가정 경제에 더 큰 손해를 끼치게 된다. 이러한 이유 등으로 실제로 육아휴직자 가운데 남성의 비율은 많이 늘어나 2021년 기준 24.1%(통계청)까지 올라왔지만 나머지 75.9%는 여성으로, 여전히 육아휴직을 쓰는 것은 여성의 몫으로 남아 있었다.

그러므로 여성의 경력 단절 문제를 해결하기 위해서는 무엇보다 한 가정 내 기회비용 부분을 고려해 접근해야 한다. 당장 남녀 평균임금 격차는 못 줄이더라도, 남성이 육아휴직을 할 때 소득 대체율을 높여 남성의 참여를 유도할 필요가 있다. 남성이 휴직을 해야 가정 경제에도 이득이 되게 해야 한다. 이는 스웨덴과 같은 유럽 국가가 해온 방식이다. 남녀 임금 격차도 적은 데다가, 총 480일의 육아휴직 기간 가운데 90일은 각각 할당해, 남편이 사용하지 않으면 육아휴직 기간이 줄어드는 손해를 끼치도록 했다. 이런 가정 내 기회비용을 고려하지 않고 육아휴직 기간만을 늘리는 것은 오히려 여성의 경력 단절을 유도할 뿐이다.

> 육아휴직 기간이 길면 길수록 여성 같은 경우에 경력 단절이나 노동의 참여를 저해하는 요소가 많다는 연구도 되게 많아요. 휴가를 오래 가지면 가질수록 다시 노동시장에 복귀하는 게 상당히 쉽지가 않거든요. 중요한 건 육아휴직 기간에 적정 소득 수준을 보장하는 것인데, 그러면 휴가 기간이 늘 수가 없는 부분들이 있거든요. 우리나라는 소득이 제대로 보장되지 않은 상태로 육아휴직 기간은 긴 편이에요.
> 최영(중앙대 사회복지학 교수)

그렇기 때문에 육아휴직 기간을 무작정 늘리기보다는 소득 대체율의 문제로 접근해 휴직 기간에는 경제적 지원을 통해 최대한 남성의 참여를 유도하고(한국 남성 육아휴직 수당 상한액 250만 원,

2023년 기준), 그 이후에는 '돌봄 공백'이 생기지 않도록 믿고 맡길 수 있는 기관을 마련하는 것이 가장 시급한 문제라고 전문가들은 말한다.

게다가 고용보험을 내지 않는 비정규직에 관한 대책도 필요하다. 현재 이들은 육아휴직 급여를 받지 못한다. 이는 육아휴직 급여가 고용보험 기금을 재원으로 쓰고 있기 때문이다. 육아휴직 제도가 아무리 보완되더라도 '반쪽' 효과에 불과할 수 있다는 우려가 나오는 이유는 여기에 있다.

> 스웨덴은 비정규직뿐 아니라 노동시장에 참여하지 않은 분들도 육아 급여가 나갑니다. 가정에서 양육하시는 분들도, 직장에 오신 분들도, 그리고 실업자들도요. 그게 가능한 건 부모보험으로 따로 사회보험제도를 만들고 그 기금을 재원으로 하다 보니 지원을 받을 수 있는 부분이 있죠. 최영

결국 이러한 문제들이 해결되지 않는다면 '여성의 경력 단절'이라는 희생으로 만들어진 지금의 합계 출산율조차 지키기 힘들지도 모른다.

25.5%

고기나 생선 주 1회도 못 먹는 저소득 가구 아동 비율

나아지지 않는 결식아동의 밥상

한국의 결식아동은 2022년 기준 30만 8234명이다(각 지자체). 정부는 만 18세 미만의 결식 우려가 있는 아동들에게 아동급식카드를 지원해 주고 있다. 기초생활수급자나 차상위 계층 가구 아동 등이 대상인데, 음식 재료를 사거나 음식점이나 편의점에서 결제를 할 수 있도록 했다. 과연 아이들은 이 카드로 제대로 밥을 챙겨먹고 있을까? 결식아동의 식단을 확인하기 위해 경기도에서 만난 초등학교 2학년 남자아이는 볼살이 귀여운 통통한 아이였다. 아동급식카드를 어떻게 사용해 끼니를 해결하는지 살펴보기 위해 그냥 평소처럼 해달라고 부탁했다. 함께 편의점으로 향한 아이는 불닭볶음면과 콜라를 골랐다. 카드를 내밀었는데, 결제가 되지 않았다. 컵라면은 되는데 매운맛이라 안 됐고, 탄산음

료는 결제 불가 품목이었다. 또 다른 편의점에서는 캔 음료 밀키스가 결제 불가 품목이었다. 아이는 이런 경험이 몹시 당황스럽다고 했다.

> 밥을 먹으려고 들어갔는데, 안 된다는 거예요. 그래서 왜 안 되나 했는데, (결제) 실패가 뜬다고. 이래서 못 먹었어요. 너무 당황했고요. **결식아동(9세)**

아동급식카드를 쓰는 아이들은 이처럼 '편의점'에서 가장 많이 사용하고 있었다. 17개 지자체 가운데 세 곳을 제외하고는 급식카드를 편의점에서 사용한 비율이 가장 높았고, 그 비율이 많게는 70%에 육박했다(각 지자체, 2022년 7월). 문제는 아이들이 편의점에서 균형 잡힌 식단을 스스로 찾아 사 먹는 것을 기대하기 어려운 데다가 급식카드로 결제되는 품목만 솎아내기도 쉽지 않다는 점이었다. 물론 결제가 되지 않는 것은, 지자체마다 건강상의 이유로 빙과류나 과자, 커피 등의 결제를 제한하고 있었기 때문이다. 나름 합리적인 이유였지만 제품이 워낙 다양하다 보니, 기준이 모호해지는 상품들이 있었다. 그런 까닭에 행여 결제가 되지 않아 옆에 있던 누군가 자신이 결식아동이라는 걸 눈치라도 챌까 봐 두려운 아이들은, 이미 결제가 되는 것으로 아는 몇몇 품목만 반복해서 먹고 있었다. 대부분 영양을 기대하기 어려운

편의점 이용률 (%)		전국 급식카드 가맹점 수 (개)	
서울	49.3	서울	9만~10만
인천	63.2	경기	2만 1643
대구	68	인천	4247
세종	73(마트 포함)	대구	2929
		전남	450

출처 각 지자체(2022년 6월 기준, 이용 건수 대비)

것들이었다.

물론 편의점이 아닌 가맹점으로 등록된 일반 음식점에서도 급식카드를 쓸 수 있다. 하지만 가맹점 수는 서울을 제외하고 지역으로 갈수록 턱없이 부족했다. 편의점 사용 비중이 높은 인천의 경우 가맹점 수는 4200여 개 수준으로, 약 10만 개가량인 서울의 4% 수준에 그쳤다(각 지자체, 2022년 6월). 그만큼 아이들이 혼자 걸어서 갈 수 없는 위치에 있는 경우가 많을 수밖에 없었다. 아이 입장에서는 가맹점을 가기 위해 길을 몇 번 건너느니 가까운 편의점을 찾는 것이다.

가맹점이 많이 없다 보니 주로 편의점이나 김밥나라에서만 먹어요. 가맹점을 애들이 스스로 찾기는 힘들고요. (아이 혼자 결제해서 밥을 먹는 건) 거의 불가능하죠. 지리상으로도

너무 멀고 하니까 그게 잘 안 돼요. **인천 지역 12세 결식아동 학부모**

끼니당 급식카드 지원 비용은 2022년 기준 서울과 부산 일부 지역이 9000원으로 가장 높았지만, 7000원인 곳이 17개 지자체 중 12곳으로 대다수였다. 가파르게 오른 물가를 생각하면, 7000원에 먹을 수 있는 음식이 많지 않은 것은 사실이다. 하지만 금액을 더 올린다고 해도 아이들이 스스로 균형 잡힌 식단을 찾아 먹기 어렵다는 문제는 여전히 남는다. 그렇기 때문에 급식 단가만 올리는 공급 편의주의에 그쳐서는 안 된다는 목소리가 나온다.

지금은 돈을 주고 아동들의 선택권을 확보했다고 하지만 그때그때 아이들이 원하는 것만 먹게 하는 것은 균형 있는 식사가 된다고 보기는 어려운 거죠. 공급자가 가장 편리하게 하는 행정 편의주의적이라고 할 수 있죠. 어릴 때 식습관은 평생에 걸쳐 영향을 줄 수 있기 때문에 일주일에 한 끼 정도만이라도 따뜻한 음식을 균형 있게 먹을 수 있게 도와준다든가 배려해야 한다고 생각합니다. **이은희(인하대학교 소비자학과 교수)**

실제로 2018년 보건복지부가 실시한 아동 종합 실태 조사에서 "고기나 생선을 주 1회 먹지 못한다"라고 답한 아동은 저소득층의 경우 응답자의 25.5%, 약 4분의 1이나 되었다. 일반 가구의 아동 중에서는 1.7%이니, 14배나 되는 수치였다. 그뿐 아니라 "신선 과일을 주 1회 먹지 못한다"라고 답한 수급 빈곤 가구의 아동들은 그보다 많아 응답자의 32%가 넘었다. 1.8% 수준인 일반 가구와는 역시 큰 격차를 보였다.

이런 상황에서 급식카드를 이용해 피자나 치킨을 배달시켜 먹거나, 해장국집이나 횟집에서 결제 가능하다고 정보를 공유하는 온라인상의 글을 어렵지 않게 찾을 수 있었다. 이런 형태로 성장기 아이들의 건강은 제대로 지켜질 수 있을까? 본래 취지에 맞게 현금 지원이 아닌 균형 잡힌 따뜻한 밥을 제공하되, 배달이 어려운 지역은 접근성이 좋은 편의점에서 찾아가는 방식으로 밥 한 끼를 제공해 주었으면 좋겠다는 결식아동 학부모의 제안이 인상 깊었다.

> 도시락을 배달해 주면 집에 사람이 없을 때는 (음식이) 상하기 쉽고요. 찾아서 가는 것도 거리가 멀면 부모 없이 가기 힘들 수 있고요. 그래서 요즘 편의점을 통해 찾아가는 서비스 많잖아요. 그래서 저는 급식카드를 사용하는 아이들을 위해 조금 영양분 있는 걸로 만들어서, 편의점은 어디서나 가까우니까 편의점에서 찾아가는 서비스를 하면 어떨까 그걸 제안하고 싶어요. 인천 초등학교 5학년 결식아동 학부모

아이들은 스스로 결제하기 어렵고 주변 가맹점을 찾기도 어려워, 여전히 균형 잡힌 따듯한 한 끼를 제공받지 못하고 있었다. 취재 현장에서 만난 결식아동이 통통했던 건 어쩌면 우연이 아닐지도 모른다.

0 10 20 **30 40** 50

60 70 80 90 **%**

31% .... Z세대의 영상 소비

35% .... 20년 뒤 한국의 여름

35.7% .... 한국 영화의 성 평등

36% .... 주택 가격과 출산율

39% .... 학교 성폭력 징계의 한계

39.7% .... 콜센터 노동의 민낯

41% .... 사라지는 시외·고속버스

41% .... 자폐성 장애인

42.2% .... 음주 운전

45.5% .... MZ세대의 이직

47% .... 서울 택시가 안 잡히는 이유

49.1% .... '제때 못 가는' 중증 응급 환자

31%

영화관의 '특별상영관' 이용자 중 20대 비율

Z세대가 영상을 소비하는 방식

'젠지 세대'로 불리는 요즘 20대는 콘텐츠 영상을 어떻게 소비하는지 알아보다가 흥미로운 점 두 가지를 발견했다. 하나는 영상길이가 15분 넘어가면 '긴 영상'으로 생각한다는 것이었고, 또 하나는 웬만해서는 영상을 정속도로 보지 않는다는 것이었다. '시간이 아까워서' 또는 '지루해서'가 이유다. 이들 옆에서 함께 1.5배속으로 유튜브 영상을 봤는데, 꽤 들을 만했다. 그 후 나 역시영상을 1.3배속으로 보는 습관이 생겼다. 그러니까 한번 해보면역행하기는 Z세대가 아니라도 어려웠다.

짧은 시간 안에 그냥 많이, 재미있는 걸 보고 싶어서 보통
1.25~1.5배속까지 많이 보는 편이에요. 김예림(22세)

이들이 영상을 빨리 보게 된 계기는 집에 있는 시간이 많았던 코로나19 시기 때문이기도 했지만, 이 시기를 거쳐 습관이 더 강화된 것일 뿐 대다수의 시작은 고등학교 시절, 인터넷 강의를 들을 때부터였다.

> 수험생 때 인터넷 강의는 무조건 배속을 해서 듣거든요. 그거는 이제 좀 지루해서 그렇게 했던 건데, 습관이 돼서요. 권지윤(22세)

자연스럽게 밀도가 높은 영상, 짧은 길이의 영상을 선호했고, 점차 30초 분량의 짧은 영상인 '숏폼(Short-form)'을 즐기게 되었다. 다만 영상 하나의 분량은 짧았지만, 그 짧은 분량의 영상을 소비하는 전체 시간은 어느 세대보다 길었다.

> (숏폼 시청을) 시작하면 거의 많게는 세 시간까지도 봐요. 인스타그램, 틱톡, 유튜브 계속 번갈아 가면서 보는 것 같아요. 노임경(25세)

> (숏폼 시청은) 하루에 평균 두 시간 정도요. 하루 영상 시청 중에 90% 이상은 저도 숏폼으로만 보는 것 같아요. 김민준(25세)

실제로 한 조사에서도 만 15세에서 26세 사이 대학생의 숏폼 평균 이용 시간은 평일에는 75.8분, 주말에는 96분이 넘는 것으로 결과가 나왔다(대학내일20대연구소 패널 조사, 2022년 6월 29일~7월 5일 조사). 흥미 위주의 짧은 영상을 하루에 많게는 두 시간 가까이 보는 것이다.

이러한 Z세대의 영상 소비 패턴을 보면 이들 세대가 영화를 소비하는 방식도 달라졌다는 것이 업계의 분석이다. 과거에는 주로 20대가 신작을 다른 세대보다 먼저 많이 보았다면, 지금은 어느 정도 검증된 흥행작을 주로 선택한다. 그리고 재미있다고 생각하면 특별관에서 보거나 여러 번 같은 영화를 반복해서 보는 n차 관람을 한다. 수치로도 나타났는데, 2022년 일반관이 아닌 '특별관'에서 영화를 본 관객 가운데 20대의 비중은 31%로, 전 연령대 가운데 가장 많았다(CGV, 2022년). 흥행 영화 〈더 퍼스트 슬램덩크〉를 두 번 이상 본 관객은 20대가 35.6%로, 이 역시 전 세대 중 가장 많았다(메가박스, 2023년). 정속으로만 볼 수 있는 영화에 대해서는 검증된 것만 보고, 시간과 돈을 투자해 때로는 여러 번, 때로는 비싼 곳에서 즐겨 보는 것이었다.

영화에 대한 만족도가 높으면, 여러 차례 반복해서 보는 성향도 보이고 있습니다. 이왕 관람하기로 결심했을 때는 좀 더 특별한 경험을 선호하는 20대라고 보고 있습니다. 서지명

(CGV 커뮤니케이션팀장)

　배속 재생을 할 수 없는 영화관 관람의 경우 특별관을 통해 새로운 경험을 추구하는 것이다. 또, 무엇보다 디지털 네이티브 세대인 이들이 또래 집단과 소셜미디어 등을 통해 언제나 연결되어 있기 때문에 이런 문화를 서로 빠르게 공유하면서 강화한다는 분석도 설득력이 있었다.

　특별관에서 느끼는 건 정상 속도에 추가적인 경험이 붙기 때문에 선호하게 된 것입니다. (Z세대는) 스마트폰 네이티브 거든요. 언제 어디서나 또래 집단하고 연결된다는 것이죠. 빨리 봐도 효율성이 떨어지지 않고 친구들 또한 다들 배속 재생으로 즐긴다는 사회적 압박이 있을 수도 있고요 강정수

(미디어스피어 이사)

　이러한 Z세대의 영상 소비 방식이 '문해력'이나 집중력 저하로 이어진다는 우려의 목소리도 나오지만, 전문가들은 아직 검증된 것은 아니라고 진단한다.

　팝콘 브레인, 틱톡 브레인이라고 해서 숏폼 비디오 플랫폼을 과소비하면서 그것 때문에 뇌에서 변화가 있고 영향을

받는 현상에 대한 연구는 이제 막 시작하는 단계예요. 숏폼 영상 자극에 뇌가 익숙해져서 순간적인 자극에 강렬하게 반응하다 보니 일상적인 자극, 일상적인 집중력은 둔해진다는 내용인데요. (부정적 영향을 준다는) 연구들이 있기는 합니다만, 쉽게 단정을 짓기는 아직 어렵습니다. 조철현(고대안암병원 정신건강의학과 교수)

그런데 Z세대 스스로가 영상을 소비하는 지금과 같은 방식에 일종의 죄책감을 가지고 있는 것 같았다. 일상이 지루하게 느껴질 때가 있고, 검증되지 않은 영화를 영화관에서 정속으로 보는 것이 괴롭게 느껴졌기 때문이다.

친구들이 말할 때도 조금 천천히 말하거나 답답하다 싶으면 왜 이렇게 빨리빨리 말 안 하냐고 할 때도 있었어요. 황세빈(21세)

전문가들은 Z세대를 포함해 모두에게 영상을 소비하는 올바른 자세와 관련해 '주체성'을 강조했다. 알고리즘에 의해 무의식적으로 영상을 클릭해 보기보다는 주체적으로 영상을 선택하고, 더 나아가 영상 외의 삶에서도 '균형'을 잡아 가는 것이 중요하다고 말한다.

알고리즘에 따라 영상을 무비판적으로 소비해 가는 방식에 길들여지면, 일상의 집중력을 유지하는 데 어려움을 경험할 수 있거든요. 영상 소비 외에도 일상 속에서 결이 다른 기쁨을 균형감 있게 누리는 것, 균형을 스스로 맞춰 나가는 것이 무엇보다 중요합니다. 조철현

35%

여름 길이 증가율

여름은 길어지고 겨울은 짧아지는……
더 혹독해지는 계절

전에 없던 양의 폭우가 내리거나, 급격하게 추워지거나, 폭염이 이어질 때면 이제 습관처럼 하게 된 말이 있다. 기후 위기 때문인가! 2022년이 그랬다. 그해 여름 115년 만의 폭우가 내리더니 비가 그치자 전에 없던 폭염이 찾아왔다.

기후 위기는 그렇게 우리 일상에서도 존재감을 드러내고 있는데, 새롭게 알게 된 사실 중 하나는 앞으로 '계절의 길이'마저 변화시킬 수 있다는 점이었다. 국립기상과학원은 온실가스 배출량을 줄이지 못하면 약 20년 뒤인 2041년부터 20년간 한국의 평균 여름 길이는 지금보다 35%나 길어진다고 예측했다(국립기상과학원, 〈남한 상세 기후변화 전망 보고서〉, 2021년). 35%면 34일가량 늘어나, 여름이 넉 달 넘게 이어지는 최대 131일이 될 것이라고 본 것

한국의 여름 길이

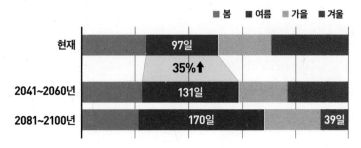

출처 국립기상과학원, <남한 상세 기후변화 전망 보고서>(SSP5-8.5 가정 시)

이다. 게다가 60년 뒤에는 최대 170일로 늘어나, 일 년의 절반가량이 여름이고 지금은 계절 중 가장 긴 겨울은 39일, 약 한 달 정도로 가장 짧은 계절이 될 것으로 전망했다.

물론 짧아진다고 해서 겨울이 따듯해진다는 의미는 아니다. 추운 날은 지금보다 추울 수 있고, 여름이 길어진 만큼 우리가 느끼는 추위는 상대적으로 더 극심할 수 있다고 전문가들은 전망했다. 여름 역시 길이만 길어지는 것이 아니라, 찌는 듯한 폭염을 견뎌내면 폭우가 뒤따라오는 것이 기후변화의 한 모습이었다. 무엇보다 확실한 것은 지금보다 살기 좋은 세상은 아니라는 점이었다.

온도가 높아지면 대기 중에 머금을 수 있는 습기가 증가해요. 온도가 약 3도 올라가면 습도는 21% 증가합니다. 그만큼 강수로 내릴 수 있는 수증기가 많아진다는 겁니다. (폭염

뒤에는) 집중호우가 올 수밖에 없는 거예요. **허창회(서울대학교**

지구환경과학부 교수)

실제로 이상기후는 더 자주, 더 극심하게 나타나고 있다. 2022
년 8월 서울에는 한 시간 만에 141.5밀리미터가 넘는 폭우가 내
려 80년 만에 새 기록을 세웠다. 과거 몇 해에 한 번 정도 있었던
'시간당 30밀리미터 이상'의 집중호우가 이제 매해 꾸준히 늘어나
고 있는 것 역시 마찬가지다.

문제는 이처럼 기후변화의 속도가 빠르다 보니 완벽한 대비는
사실상 불가능하다는 점이다. 2022년 폭우가 인명 피해로 이어지
자, 서울시는 앞으로 집중호우에 대비해 서울 신월동에만 있었던
빗물 터널을 여섯 개(용산, 동작, 종로, 강남, 관악·동작, 강동 지역) 더
만들겠다는 대책을 내놓기도 했다. 신월동에 있는 빗물 터널에 직
접 가보았다. 엄청난 규모의 터널이었다. 땅속 지하에 대형 배수관
을 설치해 빗물이 흘러갈 수 있도록 하는 것인데, 지름만 10미터
로 32만 톤 넘는 분량의 물을 저장할 수 있는 크기였다. 완공하는
데 걸리는 시간만 해도 10년가량. 지금 기후변화의 속도를 감안하
면 빗물 터널만으로 안심할 수는 없다고 전문가들은 말한다.

재난의 강도를 예측해서 거기에 충분히 대응한다는 건 상
당히 어려운 일입니다. 폭탄이 떨어졌을 때 이 정도 대비하

면 되겠다고 생각했는데, 그 다음번에 떨어진 폭탄은 그냥
폭탄이 아니라 핵폭탄이었다면 문제는 달라지겠죠. 이영주(서
울시립대학교 소방방재학과 교수)

기후변화의 또 다른 모습은 제대로 대비하지 못하면 '취약 계
층'에 더 많은 피해를 준다는 점이다. 2022년 8월 8일 서울에 내
린 폭우로 발생한 사망자 여덟 명 가운데 절반이 반지하 거주민
이었다. 게다가 기후 위기는 결국 '식량 문제'로도 직결된다는 점
에서 이들 계층에 더욱 심각한 위협이 될 수 있다.

기후 위기 상황에서 피할 수 없는 건 식생이죠. 결국은 먹고
사는 문제와 직결돼요. 기온이 급상승하고 강수가 많고 농
작물 자체가 큰 피해가 날 수밖에 없는 것이기 때문입니다.
식량 주권, 안보 관점에서라도 기후 위기에 대비해야겠죠.
현재는 간과하고 있는 부분이기도 하고요. 허창회

식량 위기에 대한 연구에 따르면, 지구의 온도는 산업화 이전
보다 지난 100여 년간 1.1도 상승했는데, 1.5도까지 오르면 식물
가운데 8%는 서식지를 절반 넘게 잃게 된다고 전망했다(IPCC,
〈지구 온난화 1.5도 특별 보고서〉, 2018년).
한국으로 국한하면 현재 쌀 자급률은 92.8%에 달하지만, 기

후 위기로 최악의 경우 30년 뒤에는 55%, 즉 절반 가까이 떨어지게 된다는 연구 결과도 있었다(농림축산식품부·한국농촌경제연구원, 2020년). 결국 '기후변화'가 인간의 생명을 위협하는 '기후 위기'로 불리는 이유다.

그렇다면 우리가 지금이라도 할 수 있는 방법이 있을까. 전문가는 당장 기후 위기를 막을 수도, 멈출 수도 없다고 했다. 다만 후세대를 위해 노력해야 한다는 점을 강조하면서, 이를 위해서는 무엇보다 정치권이 적극적으로 나서 줄 것을 주문했다.

지금 이산화탄소 배출량을 감축하는 건 우리와는 무관하고요. 우리의 자식, 또는 자식의 자식대의 기후변화를 늦출 수 있을 겁니다. 기후변화를 연구하면서 안타깝다는 생각을 많이 하는 게 기후변화에 대해 우리는 이미 90년대부터 위기를 언급해 왔죠. 하지만 누구도 주시하거나 적극 실행하지 않았어요. 일단 정치인들은 믿고 싶지 않아 하죠. 현재하고는 상관이 없으니까요. 기후변화를 얘기할 때는 우리의 다음, 그다음 세대를 보고 준비해야 합니다. 허창회

35.7%

한국 영화 '벡델 테스트' 통과 비율

영화 〈인어공주〉 논란이 보여준 스크린 속 여성

한국 드라마에서 여성 주인공이 말 그대로 대세였던 적이 있다. 그것도 '중년 여성'이라는 점이 특징이었다. 화면 속 중년 여성은 자식의 결혼을 반대하거나 자식을 뒷바라지하는, 한마디로 모성이 잔뜩 강조되었던 모습이 익숙했지만 이번에는 그렇지 않았다. 서울시장이라는 정치인이 되기 위한 여정을 그리기도 했고(넷플릭스 드라마 〈퀸메이커〉), 20년간의 경력 단절을 딛고 다시 의사로 성장하는 모습으로도 그려졌다(JTBC 드라마 〈닥터 차정숙〉). 특히 주인공 차정숙은 고등학교 3학년 자녀의 엄마이지만, 의사 면허증을 가지고도 가정주부로만 살았던 지난 날을 뒤로 하고 자신을 위한 꿈을 펼치고자 노력했다. TV 화면 속에서는 낯선 장면이었고, 응원해 주고픈 마음도 컸다. 심지어 엄마이자 '킬러'가 주인공인 영화(넷플릭스 영화 〈길복순〉)도 있었다. 허구의 이야기인데 주인공이 남자냐 여자냐가 뭐 그렇게 대수냐고 볼 수 있겠지만, 여성 관객으로서는 신선했다. 그리고 평론가들도 이처럼 스크린 속 여성의 모습이 과거보다 다양해지고 있다는 것을 긍정적으로 평가했다.

과거에 모성이라는 것을 그냥 헌신하는 존재로만 아주 얄팍하게 이해했다고 한다면, 지금의 모성은 좋은 엄마가 되기 위해서는 좋은 어른이, 좋은 인간이 되기 위해 고민해야 한다는 것을 보여주고 있죠. 이런 차원에서 여성주의적 숙고를 보여주는 작품이 많이 등장한다고 볼 수 있습니다. 황진미 (대중문화평론가)

하지만 여전히 갈 길이 멀다는 지적도 동시에 나왔다. 여전히 스크린 속 여성 캐릭터의 다양성이 부족하다는 지적이었다.

(여성이 주인공인 작품이) 양적으로는 늘었죠. 그렇지만 이제 질적인 걸로 들어갔을 때는 오히려 조금 퇴행한 흔적이 있습니다. 여성이 갖고 있는 고뇌와 성찰하는 모습과 캐릭터의 매력 같은 것들을 만들어 내는 기술이, 여전히 그런 안목이 없습니다. 유지나(동국대학교 예술대학 영화영상학과 교수)

정말로 그런지 궁금했다. 영상물의 성 평등 지표라고 불리는 '벡델 테스트'라는 것이 있다. 영화나 드라마 속에서 성 평등이 얼마나 지켜지고 있는지를 가늠하는 지표였다. 테스트는 세 개의 질문으로 구성되어 있다. 1) 이름을 가진 여성 등장인물이 두 명 이상인지, 2) 이들이 서로 대화하는지, 3) 그 대화의 주제가 남성에 관한 것이 아닌지를 따져 보는 것이다. 2022년 개봉한 한국 영화 중 흥행 순위 30위 내의 작품 가운데 '벡델 테스트'를 통과한 비율을 살펴보았더니 35.7%(영화진흥위원회, 2022년 한국 영화 산업 성 인지 결산)였다. 여성이 주인공인 비율이 아니라 여성 캐릭터가 남성 캐릭터와 비교적 동등한 위치에서 등장하는지를 가늠하는 수치였는데, 생각보다 낮았다. 특히 최근 5년 중 2022년이 가장 낮아서 오히려 퇴행한 것으로 나타났다. 하지만 한국 영화를 오래 보아 왔던 평론가들은 이조차 많이 개선된 수치라고 했다. 2010년까지만 해도 이 수치는 더욱 심각했다고 한다. 스크린 속

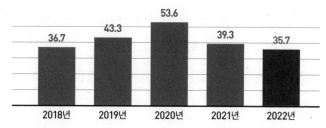

한국 영화 흥행 30위 내 벡델 테스트 통과율 (%)

2018년 36.7
2019년 43.3
2020년 53.6
2021년 39.3
2022년 35.7

출처 영화진흥위원회

에 남자 인물들만 무더기로 나오고, 여자는 거의 나오지 않는 데 다가, 여성 캐릭터가 대화를 하더라도 '남자'에 관한 얘기만 하는 장면이 흔했다는 것이다.

전문가들은 이처럼 여전히 여성 주인공이 적거나, 여성이 그려 지더라도 단순하게 그려지는 이유 중 하나로 메가폰을 쥔 감독 가운데 여전히 남성이 많다는 점을 지적했다. 그래서 스크린 밖 지표로 불리는, 여성 감독이 메인 감독으로 참여한 작품도 따져 보았다. 감독이 여성인 영화는 2022년 개봉작 가운데 20.2%(45 명, 영화진흥위원회, 2022년 한국 영화 산업 성 인지 결산)에 그쳤고, 개봉작 중에서도 30억 원 이상 순제작비를 들인 영화에서는 8.1%(3명) 수준이었다. 수익성이 고려될수록 여성 감독의 비율은 급격히 떨어진다는 분석이 나오는 이유다. 실제로 2022년 전국의

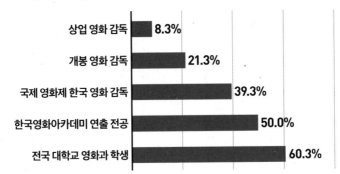

2022년 영화 전공 학생 및 한국 영화 감독의 여성 비율

구분	비율
상업 영화 감독	8.3%
개봉 영화 감독	21.3%
국제 영화제 한국 영화 감독	39.3%
한국영화아카데미 연출 전공	50.0%
전국 대학교 영화과 학생	60.3%

출처 영화진흥위원회

대학교 영화과 학생 중 여성 비중은 60.3%(영화진흥위원회, 2022년 한국 영화 산업 성 인지 결산)에 달하지만, 상업성을 요구하는 작품일수록 여성 감독의 비율이 낮아져 상업 영화에서 여성 감독 비중은 8.3%에 그쳤다.

다만, 스크린 속에 다양한 여성상이 나오기 위해서는 제작진도 중요하지만 무엇보다 관객의 시각이 더 다양해져야 한다는 지적도 나온다. 관객의 수요가 달라지면 공급이 그에 맞춰 변화할 수밖에 없기 때문이다. 특히 2023년 개봉한 영화 가운데 논란이 많았던 디즈니 영화 〈인어공주〉는 작품성 논란은 차치하더라도, 여성 주인공인 흑인 인어공주에 대한 평가의 이면에는 인종차별을 넘어 여성 비하적 시각이 담겼다는 지적이 나왔다.

> (〈인어공주〉는) 대단히 주체적으로 사랑하는 이야기예요. 자기는 인어인데, 자기 종을 초월해서 인간을 사랑하는 이야기예요. 그 주체성을 완전히 사장시켜 버리고 오로지 그냥 예쁜, 아주 예쁜, 가만히 있으면 막 사랑받는 그런 여자로 대상화하고 싶은 거예요. 황진미

그렇기 때문에 스크린 속 여성이 좀 더 평등하게 나오게 하려면 벡델 테스트를 비롯한 성 평등 지수를 적용해 높은 점수를 받은 작품의 제작을 지원하는 제도를 좀 더 확대할 필요가 있다는

의견이 나온다. 더 나아가 저예산 독립·예술 영화 지원을 넘어서 상업영화의 발판이 되는 중소 규모 영화에 대한 지원이 절실하다는 지적도 있다.

이 글이 공개된 후 악플이 많이 달렸다. 불필요한 남녀 편가르기식 기사이고, 억지 주장이라는 내용이 주였다. 또 남녀 성비를 따지는 데에도 비판이 컸다. 그런데 남녀 성별을 따지지 않아도 될 정도로 직업에 따른 성별의 격차가 줄어들 때, 그 사회는 좀 더 발전한 사회가 될 수 있다고 생각한다. 어찌 됐건 악플이 많이 달렸다는 건 설득에 실패한 것이라 여겨져 자괴감이 들기도 한다. 다만 이 글을 통해 말하고 싶었던 것은 다양한 스크린 속 여성을 보는 것은 어쩌면 현실과 더 닮은 모습이기도 하고, 결국 우리의 사고를 확장하는 데에도 도움이 된다는 믿음이다.

스크린 속 여성에 대한 이야기를 하다가 한 평론가는 내게 '정신 나간(또는 미친) 미국 이모' 얘기를 꺼냈다. 우리나라의 스크린 속에도 이런 여성이 많이 등장했으면 한다는 바람이었다. 실제로 한 방송에 등장했던 장면이다. 길 가던 중년 여성에게 한 방송 진행자가 자연스럽게 "어머니!"라고 불렀다. 그 여성이 "나? 엄마 아닌데?"라며 불쾌해하자 진행자는 바로 "누나"라고 정정해 불렀다. 여성은 그제야 "그렇지!"라고 호쾌하게 답하고 지나갔다. '중년 여성 = 어머니'에서 벗어난 인물들은 이미 현실에 존재한다. 그렇기 때문에 스크린 속에서도 중년 여성이지만 어머니가 아닌 여성처럼 이른바 '정상성'에서 벗어난 더 다양한 여성 캐릭터를 볼 수 있어야 한다. '미친 미국 이모'를 포함해 다양한 여성상을 스크린 속에서 만날 수 있기를 기대해 본다.

36%

수도권 주택 가격 20% 상승 대비 하락하는 출산율

인구 감소 문제를 해결할 근본적인 해결책이 있을까

한 예닐곱 세대 정도 되면 '멸종 위기종'이 되는 거예요. 쉽게 말씀드리면 대한민국은 멸종 위기종으로 빨려 가고 있어요. 이상림(한국보건사회연구원 연구위원)

한국의 합계 출산율에 대한 전문가의 해석이다. 2022년 기준 한국의 합계 출산율은 0.78명. 세계 최저인 데다가 OECD 회원국 평균인 1.58명(2021년 기준)의 절반에도 못 미치는 수치다. 이러한 저출산 분위기 속에서 이제 지방이 아닌 서울에서도 학생 수 감소로 폐교를 앞둔 고등학교가 나오고 있다. 도봉구에 있는 도봉고등학교였다. 전교생은 고작 159명으로, 재학 중인 학생들이 졸업하는 2년 뒤(2024년) 폐교가 예정되어 있었다. 한두 해 더 버틴다고 하더라도 미래의 입학 대상인 도봉구 내 중학생 수도 고등학교 대비 너무 적어 결국 폐교하기로 결정했다고 한다. 서울 내 일반계 고등학교로는 처음 있는 일이었다. 하굣길에 만난 이 학교 학생들은 다니던 학교가 아예 없어지니 착잡함도 있었지만, 실질적인 어려움도 토로했다.

> 사람이 적으니까 내신 등급이 잘 안 나오기도 했고, 그리고
> (선택)과목 수가 적어서 자기 진로에 맞는 걸 찾기가 어려웠
> 던 적도 있어요. **도봉고등학교 학생**

학생이 없다 보니, 이용 시설 중 하나인 학원부터 이미 동네에서 자취를 감췄다. 학생들은 자전거를 타고 옆 동네의 학원을 이용한다고 했다. 이처럼 서울 내에서 인구 감소로 2년 안에 통폐합하는 학교는 도봉고등학교 외에도 초등학교 한 곳과 고등학교 두 곳이 더 있다. 서울에서도 폐교되는 것은 그만큼 인구가 빠르게 감소하고 있음을 보여주는 것이다.

이처럼 인구가 감소하는 데는 여러 요인이 있지만, 한국조세재정연구원에서 낸 보고서에 흥미로운 분석이 있었다. 바로 '주택 가격 상승'이었다. 주택 가격이 높아져 집을 사기가 어려워질수록 출산을 포기하는 사람이 늘어난다는 내용이었다. 실제로 해당 보고서에서는 수도권에서 주택 가격이 20% 상승하면 합계 출산

율은 36% 하락한 것으로 나타났다(한국조세재정연구원, 〈주택 가격 변동이 혼인율과 출산율에 미치는 영향과 정책적 함의〉, 2021년). 소득별로 출산율을 살펴보니, 소득 하위층(1분위)의 출산율이 소득 상위층(3분위)의 39.1%밖에 되지 않는다는 연구 결과도 있었다(한국경제연구원, 〈소득 분위별 출산율 변화 분석과 정책적 함의〉, 2022년). 이에 대해 어느 전문가는 "소득이 높을수록 출산율이 오르는 것은 아니지만, 소득이 낮으면 아이를 낳지 않는 경향이 있다"고 분석했다. 이처럼 낮은 출산율에는 수도권의 지나치게 높은 주택 가격, 어려운 취업 환경과 불안정한 고용 형태 등 여러 요인이 영향을 주는데, 이를 관통하는 근본적인 이유로는 바로 우리 사회의 압축 성장이 낳은 '불평등'이 꼽힌다.

(우리나라의 발전은) 수도권 집중 형태로 가게 되었고, 계층 간의 격차도 커졌고요. 청년들이 더욱 열악한 환경에 놓이고 있고요. 더 핵심적인 건 청년들이 자기가 돈을 벌어서 자원을 만든 게 아니잖아요. 그럼 이건 부모님 재산이란 말이에요. 우리가 발전 과정에서 쌓여 왔던 이 계층 간의 불평등 문제가 출산이라는 형태로도 나타나는 거예요. 이상림

실제로 한국의 불평등 지수와 합계 출산율의 추이를 살펴보니, 반비례하는 흐름을 보였다. 즉, 불평등이 심화될수록 합계 출

163

불평등도와 합계 출산율 추이

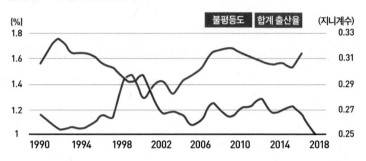

출처 한국보건사회연구원 여유진 선임연구원(2021년)

산율은 떨어진다는 연구 결과였다(한국보건사회연구원 여유진 선임
연구원, 2021년).

이 때문에 저출산을 해결하기 위해서는 우리 사회가 긴 안목
으로, 무엇보다 청년들에게 기회를 주는 사회구조로 바뀌어야 한
다는 목소리가 커지고 있다. 그리고 이와 같은 사회구조를 만들
기 위해서는 이를 담아낼 수 있는 제도적 그릇이 필요하다는 지
적도 나온다. 무엇보다 국가의 국정 전반에 걸쳐서 인구문제를
반영할 수 있는 법체계 마련이 가장 중요하고 시급하다는 것이다.
국회에서는 인구문제를 모든 국가정책의 최우선 과제로 두기 위
한 '인구정책 기본법'을 제정하자는 움직임도 있었다.

　　인구정책 기본법을 제정해서 인구문제를 바라보는 사회 시
　　각을 획기적으로 바꿀 수 있는 적절한 시점(2022년)이라고

실제로 출산율을 높이는 데 성공한 해외에서는 결국 긴 호흡을 통해 패러다임 자체를 바꾸려는 노력이 있었다. '독일의 인구 전략' 역시 10여 년 지속된 결과이고, 대표적인 출산율 성공 국가로 꼽히는 스웨덴은 경제대공황 시기 이후 70년 동안 투자한 결과다. 프랑스도 과감한 가족 정책 속에 '인구가 국력'이라는 인식을 아직도 강하게 갖고 있다. 이처럼 긴 기간 동안 사회구조를 바꾸는 패러다임의 변화를 통해 출산율을 끌어올리고자 노력했다. 그 밖에도 스웨덴은 '표준임금제'로 직업 간 임금 격차를 줄이며 불평등 요소를 줄이고자 했다. 그렇기 때문에 일부 젠더 의식 개선, 그리고 몇 개의 사업으로 인구정책이 성공할 수 있다는 것은

대한민국 인구 추이 (명)

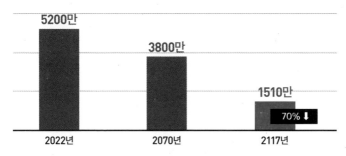

자료 통계청·감사원, 〈인구 구조 변화 대응 실태〉, 2021년

사실상 거짓말에 가깝다는 지적이 나온다.

통계청은 앞으로 한국 인구는 2117년에는 현재보다 70% 넘게 줄어들어 1510만 명이 될 것으로 내다보았다. 2023년에 태어난 아기가 100세가 되기 전에, 한국의 인구는 '도시국가' 수준이 될 거라는 얘기다. 인구 감소 문제를 해결하기 위해 지금부터라도 우리 사회의 불평등 문제 등을 해결할 방안을 논의할 때다.

39%

학교 성폭력 징계 '조치 없음' 비율

'스쿨 미투' 이후 학교는 달라졌을까

2018년 봄. 서울 용화여고의 학교 창문에 '#위드유(With You)', 'We can do anything', '#Me too'라는 글씨의 대형 포스트잇이 붙었다. 앞서 용화여고 졸업생들이 재학 시절 겪은 성폭력을 세상에 드러낸 것에 대한 재학생들의 지지 표현이었다. 그 후 서울시 교육청은 졸업생들의 신고를 받고 성폭력 피해 전수조사를 벌인 후 그해 8월 18명의 교사를 징계했다. 이 사건을 시작으로 '스쿨 미투'는 전국으로 퍼져 나갔다.

그 뒤로 학교는 얼마나 변했을까. 첫 스쿨 미투 사건 이후 성폭력 통계를 분석했다. 서울시 1348개의 초중고등학교에서 2018년부터 4년간 신고된 성폭력 통계를 보았더니, 추행이나 성희롱 등 피해를 신고했지만 학교에서 아무 조치도 없었던 사례가 39%였

학교 내 성폭력 신고 후

징계 없음
63%

경고	5%
주의	4%
:	
조치 없음	39%

징계
37%

해임	8%
파면	4%
정직	12%
:	

출처 서울시 교육청(2018~20021년)

다. 경고나 주의 정도로 그치고 넘어간 예까지 합치면 63%는 사실상 징계를 받지 않았다. 해임과 파면 등의 징계를 받은 비율은 37%에 그쳤다.

대부분 징계조차 받지 않는 솜방망이 처벌도 문제이지만, 더 큰 문제는 이처럼 징계를 받더라도 학교가 이 사실을 학생들에게 알리지 않아 모르는 경우가 많다는 것이었다. 실상을 듣기 위해 지난 4년간 한 해를 빼고는 매년 교내 성폭력 피해가 접수된 서울 구로구에 있는 고등학교 졸업생을 만나 보았는데, 그의 말이 이를 단적으로 보여준다.

한 학생이 생리 중에 생리통 때문에 예민하게 예의 없이 군다며 선생님이 "너 열 달 동안 생리통 안 하게 해줄까"라는 말을 했다고 들었어요. 학교에서는 학생들이 신고해도 이를 학생들에게 밝히고 싶어 하지 않고, 선생님들도 학생에게 사과하고 싶은 마음 없이 그냥 흘러가다 보니 저희도 아예 무지 상태로 지나갈 때가 많죠. 조치를 내렸다고 공지를 하거나 학생들에게 알려주면 좋은데, 그런 거 하나 없이 선생님의 담당 과목을 그냥 바꾼다거나 그런 가벼운 조치밖에 취해 주지 않았어요. 서울 구로구 A고등학교 졸업생

상황이 이렇다 보니 아이들은 성추행을 당해도 제대로 대처할 수 없었다고 고백했다. 다른 학생들이 어떻게 도움을 요청하는지 제대로 알지 못했고, 그 후 어떤 조치가 내려지는지도 경험하지 못했기 때문이다.

이런 가운데 지난 4년간 신고된 피해 가운데 33.2%는 교사의 성추행이었다(서울시 교육청, 2018~2021년).

(선생님) 손이 갑자기 속옷 끈이랑 후크 쪽으로 계속 오는 거예요. 그 상태에서 네다섯 번 정도 쓰다듬으시고 이러는데, 그게 너무 노골적이어서 너무 무서운 거예요. 서울 서대문구 B고등학교 졸업생

성추행보다 피해가 가장 많은 것은 10건 중 여섯 건 비율로 '성

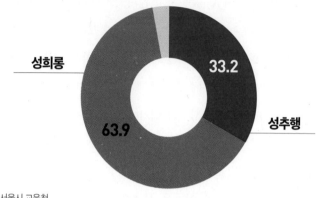

서울 초중고교 성폭력 유형 (%) 2018~2021

성희롱 63.9

33.2 성추행

출처 서울시 교육청

희롱'이었다(서울시 교육청, 2018~2021년). 실제로 발생한 성희롱 사례를 살펴보니, "여러 겹 껴입어야 강간이나 성폭력 당할 때 더 안전하다"(서울 양천구 A고등학교), "속옷까지 보여줘"(서울 송파구 B여고), "볼에 뽀뽀하면 휴대폰 돌려준다"(서울 서대문구 C학교) 등의 발언이었는데('정치하는 엄마들', 스쿨 미투 피해 사례 전수조사, 2019년), 이 같은 발언을 듣고도 전혀 문제 삼지 못한 것은 생활기록부에 혹시 기록이 남아 대학 진학에 영향을 줄 수 있기 때문이었다. 그리고 가해자도 이를 잘 아는 듯했다.

그 선생님이 자기에 대해 안 좋은 소문을 퍼뜨리고 다니면 생활기록부를 엉망으로 써주겠다든가 하는 협박성 발언을 하셔서 신고할 생각을 전혀 못 했던 것 같아요. 생활기록부가 이상하다면 면접 때나 대학교 입시 때 좀 불이익이 올까봐 너무 무서웠고, 또 나중에 취업할 때도 좀 지장이 갈까봐 무서웠어요. **서울 서대문구 B고등학교 졸업생**

이처럼 학생들이 제대로 문제를 제기하기도 어렵지만, 어렵게 문제 제기를 해도 그 후 조치 사안이 밝혀지지 않으니 제대로 된 해결책이 나오지 않은 채 반복되고 있는 것이다.

이야기하기 힘들고, 토로하기 힘들고, 또 같은 구성원이지만 이 사실을 알 수 없다면, 결코 제대로 된 해결책을 낼 수가 없겠죠. **김정덕('정치하는 엄마들' 활동가)**

이런 가운데 서울시 초중고등학교의 교내 성폭력 신고 건수를 살펴보니, 2018년 128건이었지만 그 후 점차 줄어 2021년에는 20건으로 줄었다. 코로나19의 영향도 있겠지만, 현장에서는 줄어든 수치로 낙관할 수만은 없다는 말이 나온다.

이 수치가 줄어든 것이 학내 성폭력이 줄어든 것이 아니라 신고하면 변할 수 있다는 효능감이 줄어든 거라고 생각합니다. **양지혜(스쿨 미투 집회 활동가)**

전문가들은 적극적으로 대처할 수 있도록 학교 차원에서 문화를 바꿀 필요가 있다고 말한다.

> 피해자·가해자 분리가 아주 기본 원칙이죠. 전수조사를 하
> 거나 적극적으로 참여를 해야지만 현실을 알 수 있고 바꿔
> 나갈 수 있는 동기가 부여되는 건데, 알려지는 게 싫은 거
> 죠. 감당하기 힘드니까. 권인숙(더불어민주당 국회의원)

실제로 지난 4년간 피해자와 가해자 분리 조치는 54.3%로 절반 수준에 그쳤고, 전수조사를 한 비율은 같은 기간 고작 3.8%에 그쳤다(서울시 교육청, 2018~2021년). 적극적으로 문제를 해결하기보다는 그동안 교육청을 중심으로 '가해 교사의 개인 정보와 사생활 비밀 및 자유를 침해하고, 인사관리 업무 전반에 지장을 줄 수 있다'며 대부분의 정보를 비공개 처리했다. 스쿨 미투 학생 당사자조차 가해자가 어떤 징계와 처벌을 받았는지 최소한의 정보도 제공받지 못하자 시민 단체인 '정치하는 엄마들'이 직접 나섰다. 서울시 교육청을 상대로 스쿨 미투 발생 학교명과 피해자와 가해자 분리 조치 여부 등을 공개해 달라고 행정소송을 냈다. 위에서 다룬 자료들은 3년에 걸친 행정소송으로 얻어낸 결과였다. 하지만 서울시 교육청을 상대로 제기한 소송에서 이긴 뒤에도 다른 교육청들은 여전히 정보를 비공개 처리하거나 존재하지 않는

다며 공개하지 않았다. 그렇기 때문에 '정치하는 엄마들'은 서울시 교육청에 승소한 뒤에도 경기도 교육청에 이어 충북 교육청에 이를 공개하라는 세 번째 행정소송을 2023년 현재까지 진행하고 있다. 학교 내 성폭력이 '스쿨 미투'로 불리며 본격적으로 세상에 알려진 지는 5년이 지났지만, 여전히 풀어야 할 숙제는 많아 보인다.

39.7%

콜센터 직원 '상담 중 자리 비우기 금지 경험' 비율

여전히 여성에게 필요한 것은 '빵'인 것인가

3월 8일이 '여성의 날'이라는 것을 인지하게 된 계기가 있었다. 정치부 기자로 국회를 출입하던 시절, 자리로 돌아오니 책상 위에 장미꽃이 있었다. 지금은 고인이 된 노회찬 당시 의원이 세계 여성의 날을 맞아 여자 기자들에게만 선물한 꽃이었다. 국회에서는 종종 언론사 부스별로 간식 선물을 받은 적은 있는데, 이렇게 여기자만 특정해서 받은 건 이날이 처음이었다. 여성이라는 이유로 받은 선물은 처음이라 특별한 기억으로 남아 있다. 그런데 노 전 의원이 선물한 이 장미는 세계 여성의 날의 기원과도 연관되어 있다. 1908년 3월 8일 미국 뉴욕에서 1만 명 넘는 여성 노동자들이 시위를 벌였는데, 그때 외친 것이 바로 '우리에게 빵과 장미를 달라'였다. 빵은 남성보다 적은 임금을 의미했고, 장미는 참정권을 달라는 의미였다.

그로부터 100년도 넘게 지난 한국 사회에서 여성 노동자의 삶은 어떨까. 여성 노동자 비중이 75.6%(20만 2000명, 통계청, 2022년 상반기)로 압도적으로 높은 '콜센터'의 업무 환경을 살펴보았다. 이들의 근무 환경을 한 시간가량 살펴보았는데, 가장 큰 특징은 쉼없이 양해를 구한다는 점이었다.

> 고객센터에서 시원스럽게 답변해 드리지 못해서 다시 한번
> 양해 부탁드리겠습니다. **콜센터 상담사 A**

콜센터 직원들도 이를 어려운 점으로 꼽았다. 자신들은 상품 설계와 관련해 아무런 권한이 없지만, 고객의 민원을 듣고 상품의 부족함에 사과하며 양해를 구할 수밖에 없는 것이 현실이라는 얘기였다. 두 번째 특징은 상담이 끝난 뒤 다음 상담까지는 길어야 20초도 채 걸리지 않는다는 점이었다. 손으로는 이전 상담 내용을 정리하면서 입으로는 다음 콜(전화)을 받고 있었다. 그렇게 바쁘게 일할 수밖에 없는 데는 이유가 있었다. 가장 큰 것은 급여 문제다. 처리해야 할 평균 콜 수라는 것이 있고, 때로는 급여와도 연동되어 있기도 했다. 또 다른 이유는 좀 더 실질적이었는데, 콜을 부지런히 받지 않으면 결국 고객들의 대기가 길어져 더 거칠어진 항의를 상대할 수 있다는 경험에서 비롯되었다. 이

때문에 콜센터 직원들은 행여 고객들이 화나지 않도록 하기 위해 사실상 자발적으로 쉬지 않고 전화를 받고 있었다.

고객 입장에서 많이 기다렸다가 통화가 연결되면 불만 부분을 바로 토로하시기 때문에…… 화장실을 적게 이용하기 위해 식사량을 줄인다거나 이런 부분이 있는 거죠. 김시현(경력 7년차 콜센터 상담사)

이들은 이러한 업무 환경이 최근 많이 나아진 편이라는 말을 공통적으로 했다. 그 계기가 된 사건은 2023년 개봉한 〈다음 소희〉라는 영화로도 소개되었다. 2017년 전주의 한 콜센터에서 고객의 폭언에 견디지 못하고 세상을 떠난 현장 실습 고교생이었던 '소희.' 실제로 소희가 안타깝게 목숨을 잃고, 그다음 해인 2018년 10월부터 감정노동자 보호를 의무화하는 관련 법(산업안전보건법 제41조(감정노동자 보호법))이 시행되었다. 고객 응대 과정에서 일어날 수 있는 폭언이나 폭행 등으로부터 사업주가 감정노동자를 보호할 수 있도록 하는 내용이었다. 예를 들어 폭언을 하지 말아 달라는 안내 방송을 통해 애초에 이를 예방하거나, 폭언 등이 발생한 뒤에 사후 조치인 휴게 시간 등을 제공하도록 했다.

법이 개정되어 실행된 지 벌써 5년이 지났지만, 이들이 감내해야 할 현실은 여전히 가혹했다. 일단 과거보다 나아졌다고는 해도 욕설을 피할 수는 없었다. 다음은 2022년 8월 한 카드사 콜센터 직원의 상담 통화 내용이다. 반말과 욕설이 쏟아져 나왔다.

고객 미납된 게 아니고. 카드를 아예 못 쓰게 해놨더만.

콜센터 상담사 저희 쪽에 다시 사용할 수 있는지 심사 요청하시면……

고객 ××아, 이제 안 쓴다, 끊어. ×××들아, 아이 ×××아 진짜.

또, 이같은 욕설을 경험한 이후 사후적 조치로 휴게 시간 보장 등도 실제로 요구하기는 쉽지 않다고 했다. 그도 그럴 것이 실적에 따라 급여가 달라지다 보니 제대로 쉬기는 어렵다고 했다. 실제로 이들은 보통 점심시간 한 시간을 제외하고 꼬박 여덟 시간 근무를 이어 갔지만, 급여는 연차가 쌓여도 최저임금을 조금 넘는 수준이었다.

(근무 이력이) 한 7년 정도 된 것 같아요. 220만 원 정도 세전 소득으로 받았더라고요. 최저임금보다는 다소 높은 편이에요. 상담원들도 금융 분야를 많이 공부하고 내용을 많이 숙지해야 하는데, 업무 숙련도에 따라서 임금은 달라지지 않죠. 김시현

실제로 콜센터 상담사의 평균 월급은 2020년 기준 214만 원이었다. 그나마 여성 상담사는 205만 원에 그쳤다(남성 245만 원, 통계청 지역별 고용 조사, 2020년 하반기). 이마저도 낮은 기본급에 콜 수나 통화 품질 같은 '성과'에 따라 급여가 달라지는 형태다. 그들이 휴게 시간을 요구하기 힘든 현실적 이유는 낮은 급여에 있었다.

낮은 임금 외에도 콜센터 상담원의 열악한 업무 환경을 단적으로 보여주는 수치가 있다. 2021년 실시한 한 조사(직장갑질 119, 콜센터 노동자에 대한 인식 조사, 2021년 9월 1~7일 조사)에서, "상담 중 자리를 비우는 '이석' 금지를 경험했다"고 답한 콜센터 상담사 비율은 39.7%였다. 그 밖에 "점심시간 제한을 경험했다"는 응답은 34.2%였고, "화장실 사용 제한을 받았다"는 대답도 17.8%나 되었다.

이런 환경에서 콜센터 직원들 중에는 특히 경력 단절 여성이 많았다. 아무리 경력이 쌓여도 임금으로 인정되지 않으니, 그만큼 쉽게 그만두고 다시 일을 할 수 있는 구조였다.

> 경리도 했고, 무역 업무도 했지만 결혼하게 되면서 권고사
> 직을 당하게 된 거죠. 다른 일을 알아보긴 했지만, 결혼한
> 여자가 할 수 있는 일에 대한 제한이 너무 많은 거예요. 8년
> 차 콜센터 상담사 B

제2금융권 콜센터 상담원 고용 형태 (%)

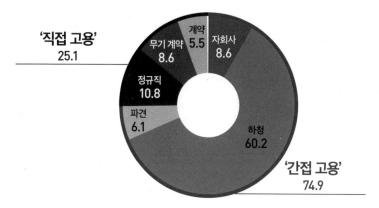

'직접 고용'
25.1

계약
5.5

자회사
8.6

무기 계약
8.6

정규직
10.8

파견
6.1

하청
60.2

'간접 고용'
74.9

출처 전국사무금융서비스노동조합(2020년)

　설상가상으로 고용 형태는 하청 업체에 간접 고용된 비중이 가장 많았고, 직접 고용은 25.1%에 그쳤다. 콜센터 상담사의 약 75%가량이 간접 고용되어 있다 보니, 처우 개선을 위해 제대로 목소리를 내기도, 그런 창구를 위한 노조를 결성하기도 어렵다.

　우리나라의 콜센터 상담사 가운데 노동조합에 가입하신 분들 비율은 한 줌도 안 될 것으로 보입니다. 노동조합을 만들겠다고 하면, 그 하청사가 아예 문을 닫거나 사라지는 경우도 있어요. 권남표(노무사, 직장갑질119 활동가)

이런 상황에서 이들이 가장 원하는 것은 바로 인간다운 대우였다.

> 사회적으로도 좀 많이 바뀌어야 한다고 생각해요. '배우지 못해서 너네가 이런 거 하지, 이런 것도 모르면서 왜 앉아 있냐' 막 이러고…… 저는 가만히 듣고 있어요, 그냥. 8년차 콜센터 상담사 B

콜센터 업무를 마치고 인터뷰 장소로 찾아온 콜센터 상담사들은 자신들의 이런 이야기를 하다가 결국 눈물을 보였다. 짧게 반영될지도 모르는 인터뷰에도 지친 몸을 이끌고 와준 발걸음에는 이렇게라도 알리지 않으면 바뀌지 않을 거라는 그들의 절박함이 묻어 있기도 했다. 2023년 여성의 날. 여전히 콜센터 여성 노동자들의 업무 환경은 고단하고, 여전히 '빵'이 부족한 느낌을 지울 수 없었다.

41%

시외·고속버스 배차 감소 비율

코로나19 이후 달라진 명절의 이동

언젠가 야구 경기장 앞 매표소 주변에 서 있는 노인들을 본 적이 있다. 모든 표는 온라인으로만 판매되는데, 온라인상에서는 표를 살 줄 모르는 고령자분들이 '혹시라도 현장에 가면 표를 구할 수 있을까' 하는 마음에 굳게 닫힌 매표소 앞에 서 있는 모습이었다.

야구는 기호의 문제라지만, 시외 간 이동은 고령자들에게는 이동할 '권리'에 가깝다. 명절이 되면 온라인상에서 금세 매진되는 KTX 기차표를 이들이 직접 구하는 것은 사실상 불가능에 가깝다. 그렇기 때문에 고령자들에게 대중교통으로는 '시외버스'가 고향에서 시외로 이동할 수 있는 유일한 발이 된다. 실제로 고령자들이 시외로 이동할 때 고속·시외버스 의존도는 2021년 기준 24.7%(국토교통부, 2021년 실태 조사)로, 대중교통 가운데서는 가장 높았다. 그런데 시외버스가 코로나19로 직격탄을 맞은 후 계속해서 사라지고 있다.

단적으로, 경기도 분당에 있는 성남 고속터미널은 경영난을 이유로 2023년에 결국 폐업했다. 성남에 있는 유일한 버스터미널이었지만, 버티지 못했다. 폐업 한 해 전인 2022년 추석 명절 때 이 버스터미널을 찾아갔다. 대목이어야 할 명절인데 비교적 한산했고, 그마저도 명절이 아니면 버스 이용객을 보기 어려울 정도라는 목소리가 여기저기서 나왔다.

> 평상시에도 금·토·일요일 빼고는 (버스를 타는) 사람이 없어요. 빈 차로 움직일 때도 있죠. **김진삼(버스 기사)**

버스터미널 안의 상점들은 이미 상당수 문을 닫은 상태였다.

> 평소에는 이용객을 셀 정도죠. 우리 가게 손님이 아니라, 터미널 내에서 몇 명 돌아다니는지 셀 정도고요. 지금은 명절이라 그나마 많은 거죠. **윤영한(버스터미널 내 상인)**

비단 성남 버스터미널뿐 아니라 전국적으로 버스터미널이 경영난을 겪게 된 것은, 코로나19 거리두기로 수요가 급격하게 줄어든 탓이 컸다. 또 KTX와 SRT 등 고속열차의 등장으로 점차 경쟁력을 잃어 갔다. 이로 인해 운영을 중단했거나, 앞으로 중단을 고려하고 있는 버스터미널은 계속해서 늘고 있다. 전국 버스터미널 305곳 중 코로나19 바이러스 유행 이후 운영을 중단한 곳은 16곳에 달했다. 앞으로 중단이 예상되는 곳도 70곳이나 된다고 하니, 전국 버스터미널의 28%는 이미 없어졌거나 없어질 예정이다 (전국여객자동차터미널사업협회, 2022년).

게다가 남아서 운영을 이어 가는 곳도 상황이 좋지 않기는 마찬가지였다. 고속·시외버스의 배차는 코로나 이전(2020년 1월 기준) 보다 41%(티머니 전산망, 2022년 6월 말)나 줄었다. 노선도 2년여 만에 27%(티머니 전산망, 2022년 6월 말)나 없어졌다. 고속·시외버스로는 가지 않는 지역이 그만큼 많아진 것이다.

문제는 앞서 언급한 노약자들, 그리고 철도가 다니지 않는 지역의 거주민 같은 교통 소외 지역민들에게는 이들 고속·시외버스가 사라지면 자가용 말고는 대안이 없다는 사실이다. 게다가 도로 위의 안전을 위해 만 65세 이상 고령자들에게 운전면허를 반납하게 하는 제도를 시행하고 있는데, 정작 이들이 운전면허증을 반납하고 나서 대체할 수단이 없다면 면허증 반납도 쉽지 않은 상황이다.

이런 와중에 20대들은 다른 이유로 명절에 시외 간 이동 수요가 줄어든 측면이 있었다. 추석을 앞두고 홍대 거리를 찾았다. 이들에게 추석 명절을 어떻게 보낼지 물었다. 이들이 말하는 핵심

가치 중 하나는 다름 아닌 '가성비'였다. 굳이 사람들이 몰리는 명절 같은 시기에 시외로 이동해 부모님을 찾아가는 것은 가성비에 맞지 않는다는 논리였다. 이들은 오히려 명절에 늘어나는 아르바이트 자리로 눈을 돌렸다. 명절 때 단기 아르바이트 자리가 많아지는 만큼 오히려 고향에 가기보다는 용돈을 버는 쪽을 택한다고 말하는 20대를 어렵지 않게 만날 수 있었다.

> 이번에는 아무래도 일하면서 지낼 것 같아요. 일단 부족한 생계비를 채우는 것도 있는데, 우리 집은 제사를 안 지낸 지도 오래됐고요. 허혜민(28세)

이처럼 '가성비 있는 선택'을 하는 데는 역시 '코로나19'가 결정적인 계기가 되었다.

> 아무래도 코로나가 터지고 나서 어른분들도 위험하다는 생각을 하셨는지 내려오게 하는 것도 조금 꺼리는 분위기가 생기더라고요. 이주희(29세)

실제로 아르바이트 구인 업체인 '알바천국'이 실시한 조사(알바천국 자체 조사, 2022년 8월 19~23일, 20대 1264명 응답)에서 20대 응답자의 절반인 50.9%가 추석에 고향에 내려가는 대신 아르바이트를 하겠다고 답했다. 전년 같은 조사에서보다 늘어난 수치다.

다시 돌아가, 달라진 추석 풍경과 같은 시대 변화 속에서 고속·시외버스의 구조조정은 불가피해 보인다. 다만 정부가 나서서 교통 소외 지역의 필수 운영 노선을 정비하고 선별한 후, 이에 대해서는 적극적으로 지원할 필요가 있어 보인다. 현재 지자체의 지원을 받는 시외버스와 달리 고속버스는 별다른 지원책도 없는 상황이다.

이 같은 현실 속에서 일부 고속·시외버스는 KTX나 SRT 같은 고속 철도에 비해 경쟁력이 떨어져 별다른 대책 없이 사라지고 있는 것이다.

현재 버스 사업자에 대한 직접적 지원은 없습니다. 고속도로 통행료 한시적 감면(2023년 6월 폐지), 근로자 고용 유지 조건으로 유급 휴직 시 정부 지원, 운휴 차량에 대한 보험료 감면 정도죠. 그런 지원 가지고는 경영을 정상화하는 데는 약간의 도움이 될지는 모르지만 거의 도움이 되지 않는다고 보시면 됩니다. 버스 업계 관계자

성남 터미널에서 부모님을 기다리던 한 가족은 이제는 어떤 모습으로 만나고 있을까.

아이들이 어리고 하다 보니까, 부모님이 명절 때 전주에서 올라오시는데, 이 터미널이 없으면 이제 자차 말고는 방법이 없죠. 홍영진(버스터미널 이용객)

41%

자폐성 장애인 사고사 비율

24시간 가족의 희생으로 채워진 이들의 옆자리

어느 날 걸려온 한 통의 전화. 국회 보건복지위 소속 보좌관이 '우연히 자료를 보다 보니 자폐성 장애인의 평균수명(정확하게는 사망 시 평균연령)이 너무 짧은데, 이상하지 않느냐'는 내용이었다. 23.8세(국가통계포털, 장애인 건강 보건 통계, 2020년). 믿기 어려운 수치였다. 드라마 〈이상한 변호사 우영우〉 때문에 자폐성 장애에 대한 관심도 높아졌던 그때, 드라마가 아닌 현실 속 이들의 모습은 어떨지 궁금해 드라마 속 '우영우'처럼 어느 정도 성장한 자폐성 장애 자녀를 둔 부모들을 만났다. 한 명 한 명을 만날 때마다 저마다 결코 쉽지 않았을 20년가량의 켜켜이 쌓인 시간이 느껴졌다. 이들은 모두 드라마를 보며 많이 울었고, 다만 현실의 모습은 이와는 많이 다르다고 했다. 그중 한 명에게 조심스럽게 물었던 질문은 이랬다.

만약 지금 어린 자폐 아이를 둔 부모에게 조언을 해주신다
면 어떤 얘기를 해주고 싶으세요?

돌아온 답은 의외였다.

저는 길게 보라는 얘기를 하고 싶어요. 저도 아이가 어릴 때
이것저것 좋다는 치료를 쫓아다니면서 다 해봤어요. 돈이
많이 들었죠. 그런데 그러고 나니 지금은 제 노후도 제대로
준비가 되지 않았더라고요. 제 노후가 준비가 안 됐다는 건
결국 제 자식도 위협받을 수 있다는 건데, 마라톤이라는 생
각을 그땐 못 한 거죠. 어차피 이 아이를 돌볼 수 있는 사람
은 여전히 저뿐인데……. 그래서 자신의 노후 준비를 하면
서 마라톤처럼 대비하라고 얘기해 주고 싶어요. 18세 자폐증 자
녀 부모

대답 안에는 자폐성 장애인에 대한 우리 사회의 많은 문제가
압축되어 있었다. 국가의 지원 없이 오로지 가족이 견뎌내야 했던
지난 시간 속에는 경제적 어려움뿐 아니라 앞으로도 그럴 것이라
는 두려움도 담겨 있었기 때문이다. 그 후 만난 이들 역시 턱없이

부족한 정부의 지원 속에서 가족이 오롯이 짊어졌던 경제적 부담과 함께, 맡길 곳이 없는 데서 오는 심적인 막막함을 공통적으로 말했다. 자폐가 아닌 '자폐 스펙트럼'이라는 병명처럼 저마다의 증상은 다양했지만 말이다.

저희 아이는 같이 어울리고 소속되고 이런 부분을 굉장히 힘들어 하거든요. 항상 아이가 하는 말이 공부하는 건 하나도 안 어려운데, "나는 사람이 너무 힘들다"라고 해요. 이인진 (17세 자폐증 자녀 어머니)

(제 자녀는) 지금 스물세 살이지만 이제껏 하루도, 아니 한 시간도 혼자 있었던 적은 없었던 것 같아요. 유인숙(23세 자폐증 자녀 어머니)

증상은 달랐지만, 이들은 공통적으로 초등학교 입학을 앞둔 시기가 힘들었다고 회상했다. 장애 아이들이 다니는 특수학교와 일반 학교 특수반 중에 어떤 학교를 선택해야 할지에 대한 고민과 그 과정에서 겪었던 여러 상처 때문이었다.

(일반 초등학교에서) 친구들이 재잘재잘거리는 소리를 듣고 우리 아이가 동화될 줄 알았어요. 우리 집이 너무 조용한

집이라서 그런 건 아닐까, 그 안에 있으면 우리 아이가 조금 성장하지 않을까, 그런 기대로 초등학교를 일반 학교로 보냈던 거죠. 일반 학교에 특수반이 있으니까 좀 늦긴 해도 따라갈 거라고 생각을 했어요. 기대는 일주일 만에 깨지더라고요. 주변의 시선도 너무 힘들었고요. 유인숙

그는 눈치가 보여 그렇게 초등학교 6년 동안 학교 건물 1층에서 '5분 대기조'로 혹시 모를 호출을 기다리면서 시간을 보냈다고 했다. 다른 친구들에게 혹시나 폐를 끼칠까, 아니면 혹시 피해를 당할지 않을까, 그렇게 엄마는 자식을 일반 학교에 보내며 정작 스스로는 편히 두지 못했던 것 같았다. 그래서 그 후 택한 특수학교, 마음은 편했지만 장거리 통학을 해야 했다.

새벽 6시 반에 일어나서 7시 반에 차를 타고 학교에 도착하면 9시예요. 하루에 왕복 세 시간에서 세 시간 반 정도를 차를 타고 있는 거예요. 길에서 버리는 시간이 너무 많지만, 그런 생활을 8년을 또 했죠. 그렇지 않으면 그나마 갈 곳이 너무 없으니까요. 유인숙

다만, 결심한다고 해서 특수학교를 쉽게 갈 수 있는 것도 아니다. 일단 전국의 특수학교는 2022년 기준 192개, 이용할 수 있는

대상자는 2만 7979명에 불과하다(교육부, 2022 특수 교육 통계). 그런데 자폐성 장애 학생을 포함해 특수학교 입학 대상인 장애 학생 수는 2년 전 추정치로도 20만 명 가까이 되었다. 정원이 너무 적다 보니 들어가는 것도 쉽지 않지만, 운 좋게 들어가도 먼 거리를 오가야 하는 것이다.

먼 거리보다 더 가혹한 것은 학교 말고는 이들이 갈 수 있는 곳이 많지 않다는 사실이다. 특히 경증이 아닌 중중 자폐인이라면 더 그렇다고 한다. 실질적으로 장애인 관련 시설이 부족한 것은 우리 사회 전반에 존재하는 장애인을 바라보는 시선과 그 시선을 이겨 내지 못하고 가족들 스스로 활동 범위를 제한하는 것도 한 가지 요인이었다. 공개적으로 장애인의 출입을 막는 곳은 없지만, 일상에서 차별적인 시선을 받아온 이들은 '배제된 공간'이라고 여기게 된 경우가 많다고 했다. 몇 년간 봐온 이웃들조차 성인이 된 자신의 자폐증 자녀와 함께 승강기라도 타면 경계하는 경험들이 쌓여 자연스럽게 위축된 것이라는 생각도 들었다.

다시 돌아가, 자폐 스펙트럼 장애인의 사망 시 평균연령이 낮은 이유는 다음과 같았다. 일단, 아직 자폐성 스펙트럼 관련 통계를 내기 시작한 지 오래되지 않은 이유일 가능성도 배제할 수 없다. 그럼에도 이 수치가 중요한 것은 최근 5년간 이들이 사망한 원인 가운데 사고사의 비율이 높다는 점 때문이다. 최근 5년간 자폐성 장애인의 사망 원인으로 자살이나 추락 같은 사고사 비율이 41%

나 되었다(최종윤 의원실, 장애인 건강 보건 통계 재가공, 2016~2020년).
자폐성 장애인과 함께 발달장애인으로 분류되는 지적장애인은
사고사 비율이 10.4%인 것에 비하면 4배 가까운 수치였다. 사망
시 평균연령이 23.8세로 나왔던 이유다. 지적장애인의 사망 시 평
균연령은 56.3세. 70~80대인 시각(79세), 청각(84.1세) 장애인의
사망 시 평균연령(장애인 건강 보건 통계 재가공, 2016~2020년)에 비
해서도 차이가 컸다. 이에 주목한 것은 우리 사회의 포용적 시선
이 어쩌면 자폐성 장애인의 사고사 비율을 낮추는 데 중요한 요
인이 될 수 있다는 지적 때문이었다.

> (자폐성 장애인의 경우) 사실은 굉장히 사람들과 어울리고
> 싶어 하는데, 어떻게 어울리는지를 잘 모르는 것뿐인데요.
> 사회가 얼마만큼 자폐성 장애인이 더불어서 살아가는 데
> '허용적'이냐, 이런 것도 되게 중요하다고 생각해요. 학교에
> 서도 받아들여지기 어려우면, 아이들이 우울해하거나 적응
> 에 어려움을 겪는 경우가 많거든요. 김효원(서울아산병원 소아정신
> 건강의학과 교수)

또 실제로 스웨덴의 경우 자폐성 장애인의 사망 시 평균연령은
54세로, 우리보다 월등히 높거나 일반인과 크게 다르지 않았다는
자료도 있었다(Tatja Hirvikoski et al., "Premature mortality in autism

spectrum disorder", Cambridge University Press, January 2, 2018). 어떤 차이가 이러한 결과를 가져왔을까. 직접적인 원인을 밝히기 위해서는 앞으로 많은 연구가 필요하겠지만, 자녀의 자폐 스펙트럼으로 국내에서 어려움을 겪고 해외로 이주한 학부모와 인터뷰를 하면서 우리와 확연히 다른 점들이 보였다.

한국에서는 엄마가 다 해야 돼요. 진단도 알아봐야 하고, 진단받고 모든 치료를 데리고 다녀야 해요. 여기(미국)는 모든 시스템이 연계되어 있어요. 부모가 느끼거나 의사가 얘기하면, '레지널 메디컬 센터(Reginal medical center)'라는 컨트롤센터가 지역마다 있어요. 여기에 가면 그 안에서 일사천리로 해결이 돼요. 미국은 보험 제도가 굉장히 안 좋지만, 발달장애인은 거기로부터 자유로워요. 부모 소득과 상관없이 발달장애인들이 모든 서비스를 받을 수 있어요. 이인진

미국에서는 응용행동분석(Applied Behavioral Analysis, ABA) 치료를 포함한 치료가 다 보험이 되거든요. 우리나라는 보험이 안 돼요. 그래서 다 사비로 해야 하죠. 조기 치료에 집중 개입이 필요할 때 보조를 받아서 충분히 할 수 있는 환경이 아이들한테 제일 좋고요. 김효원

193

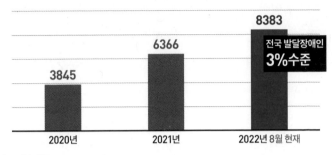

발달장애인 주간 활동 서비스 대상자 (명)

3845 — 2020년
6366 — 2021년
8383 — 2022년 8월 현재

전국 발달장애인
3%수준

출처 보건복지부

한국의 경우 자폐 자녀를 위해 제공되는 정부의 지원은 과거보다 많이 늘어나고 있지만, 그나마 늘어난 것이 소득수준에 따라 월 최대 25만 원(발달장애바우처, 2023년 기준)이었다. 값비싼 자폐증 치료비에 비하면 턱없이 부족한 금액이다. 하지만 지원 금액보다 더 중요한 것은 이들이 자유롭게 이용할 수 있는 시설이 얼마나 있느냐일 것이다. 그런데 한국은 학령기를 지나 성인이 되면 그나마 갈 수 있는 학교마저 없고, 취업에 성공한 자폐성 장애인은 전체의 28.1% 수준에 지나지 않았다(고용노동부, 2021년). 나머지는 갈 곳이 없고, 이들의 생계를 책임지는 건 고스란히 가족의 몫이 된다. 가족의 희생으로만 채워지는 현실에서 이용할 수 있는 시설조차 없다 보니, 가족들은 한숨을 돌릴 틈이 없거나 다른 자녀를 제대로 돌볼 수 없었다는 점을 힘들어했다.

한국에 등록된 자폐성 장애인은 3만 3650명(국가통계포털, 2021

년). 그런데 모든 장애인이 함께 쓰는 복지관은 전국을 다 합쳐도 261개에 불과하다(보건복지부, 2021년). 자폐성 장애인들에게 다양한 활동을 제공하는 '주간 활동 서비스'도 해마다 늘고는 있지만, 이를 이용한 대상자를 따져 보니, 전체 발달장애인의 약 3%에 불과했다.

그런 상황에서 우리 사회 곳곳에 존재하는 장애인에 대한 차별도 함께 감내하고 있었다. 이들이 '이 세상에 우영우는 없다'고 얘기할 수밖에 없는 이유다.

42.2%

음주 운전 재범률

음주 운전 관련 사고는 왜 끊이지 않는가

아홉 살이었던 동원이는 2022년 말, 하굣길 학교 뒷문에서 열 걸음도 채 되지 않는 곳에서 음주 운전 차량에 치여 목숨을 잃었다. 동원 군의 아버지를 만나 인터뷰하게 된 건 동원군 어머니의 SNS를 보고 나서였다. 사고가 발생하고 6개월 정도 지난 시점이었는데, 아들을 잃은 절절한 슬픔이 매일같이 올라온 것이 계기가 되었다. 그리고 어머니 대신 언론과 인터뷰를 했던 아버지를 만나 조심스럽게 말을 건넸다.

아내분의 트위터를 보고 연락을 드리게 됐어요. 가족 모두 너무 힘든 시간을 보내고 계시지요?

네? 저는 아내의 트위터 내용을 알지 못합니다. 자식을 잃

은 사건의 비극은 가족이 아픔을 서로 공유하지 않는다는
거예요. 각자 자신의 슬픔 속에서 혼자 이겨 내야 한다는
겁니다. 고 이동원 군 아버지

짧은 대답 속에 가족이 겪고 있는 비극이 꾹꾹 눌린 채 담겨
있어 한동안 질문을 잇지 못했다. 인터뷰를 마치고 사고 현장을
찾아가 보았다. 우리나라의 부촌으로 꼽히는 서울 청담동이었다.
학교 뒷문을 나오면 곧바로 차량 한 대만 지나갈 정도의 비좁은
도로 위로 고급 차들이 쉴 새 없이 지나다니고 있었다. 사고가 난
뒤에야 안전 펜스를 설치했다고 하니, 사고 당시에는 인도와 차도
구분 없이 차량이 오갈 수 있는 구조였다. 위태로워 보이는 스쿨
존의 모습에 놀라 청담동에 있는 다른 초등학교도 그런지 찾아
가 보았는데, 다른 곳도 크게 다르지 않았다. 초등학교 정문 앞이
지만 안전 펜스나 보도블록도 없이 인도와 차도는 오직 색깔로만
구분되어 있었다. 등하교 시간이 되면 아이들을 태울 차량과 아
이들이 뒤엉켜 너무 위험하다는 얘기를 현장에서 어렵지 않게 들
을 수 있었다.
　이처럼 초등학교 바로 앞 스쿨존조차 안전 설비가 부족한 상
황에서 음주 운전 사고는 빈번하게 발생하고 있다. 그도 그럴 것
이, 음주 운전 재범률이 지나치게 높았다. 2022년 음주 운전 재범
률은 42.2%나 되었다(경찰청). 음주 운전으로 적발되고도 또 음

주 운전을 한 사람들. 중독성이 강한 '마약'의 재범률이 36.6%이니(대검찰청, 2021년), 마약보다도 높았다. 특히 음주 운전을 하고 또 음주 운전으로 적발되기까지, 채 1년도 걸리지 않았던 사건은 9258건, 전체의 17.3%나 되었다(경찰청, 2022년). 왜 이렇게 재범률이 높을까. 음주 운전에 대한 안일한 인식, 특히 '사고'를 내도 약한 처벌에 그치기 때문이라는 지적이 나왔다. 음주 운전 단속 기준은 엄격한 데 비해 정작 음주 운전 사고를 내면 약한 처벌에 그친다는 것이다.

> 우리나라는 음주 운전에 대한 형벌은 굉장히 강해요. 음주 운전 단속도 세계적으로 보면 가장 심하게 하는 것이고. 그러나 음주 운전으로 인한 사고에 대한 실제 처벌 수준은 충분치 않지 않은가라는 생각을 하는 거죠. 이윤호(동국대학교 경찰행정학과 명예교수)

실제로 음주 운전자들이 어떤 처벌을 받았는지, 2022년 한 해 동안 발생한 음주 운전 관련 1심 판결문을 전수 분석했다. 수많은 판결문 중에서 음주 운전으로 적발되고도 술을 먹고 또 운전대를 잡아 다른 사람의 목숨을 앗아 간 사건은 총 42건이었다. 엄한 처벌을 받아야 할 것 같은 이들이 받은 최고형은 징역 7년으로, 이마저도 단 한 건뿐이었다. 대다수는 이보다 약한 처벌에 그쳤다. 그중 네 건은 아예 '집행유예'에 그쳤다. 이 가운데 한 사건은 음주 운전으로 처벌을 받은 후, 무면허 상태에서 또다시 음주 운전으로 마주 오던 차량의 운전자를 사망하게 했는데, 판결문에는 "숙취 운전으로 볼 여지가 있"으며 "유족과 원만히 합의하여 용서를 빌었다"는 점을 내세워 집행유예 선고가 내려지기도 했다. 또 다른 사건에서는 음주운전으로 약식명령을 세 차례나 받았음에도 또 음주운전을 해 피해자를 사망케 했는데 "(음주운전자가) 고령이고 건강 상태가 좋지 않다"는 이유 등으로 역시 집행유예가 내려지기도 했다. 이러한 상황을 조롱하듯, 이 기사를 내보낸 후 다음과 같은 댓글이 달렸다.

꼭 죽여야 할 사람이 있다면 술 먹고 차 운전해서 죽이세요. 그냥 살인하는 것보다 형량이 대폭 줄어듭니다.

이런 현실 속에서 음주 운전 사고에 대한 양형 기준을 강화할 필요가 있다는 지적이 계속해서 나온다. 다만, 음주 운전의 경우 처벌 강화로만은 해결할 수 없는 지점이 있기 때문에 별도의 대책이 동반되어야 한다는 지적도 있었다.

음주 운전 처벌을 강화하는 것은, 음주 운전에 따른 책임을 강화함으로써 사전에 억제하자는 거죠. 그런데 문제는 술에

취한 사람들이 이렇게 이성적·합리적 선택을 할 수 있는 능력이 없다는 거죠. 그래서 처벌이 사형이 아니라 열 번의 사형이라도 인지하지 못하기 때문에 음주 운전 그 순간은 억제될 수가 없다는 그런 한계를 가지고 있는 거죠. 이윤호

이처럼 자신의 의지와 상관없이 상습적으로 음주 운전을 하는 사람들에 대해서는 음주 시 차량에 시동이 걸리지 않게 하는 '시동 잠금장치'가 해결책으로 언급되었다. 캐나다와 유럽 등지에서 쓰이고 있는 이 기기는 미국에서는 1986년에 도입되어 30년도 훌쩍 넘게 사용되고 있다. 하지만 우리는 이미 음주 운전 처벌을 받은 사람에게 수백만 원의 장비를 구입하게 하는 것이 '이중 처벌'이라는 이유 등으로 관련 법안 개정이 미뤄지고 있다가 2023년 10월에야 통과되었다. 그동안 국내에서는 이 장치를 제조하고도 해외로 수출만 하고 있었던 실정이다.

이처럼 중독성이 강한 음주 운전을 원천적으로 차단함과 동시에 음주 운전은 사실상 살인, 특히 한 가정의 파괴범이라는 인식을 교육을 통해 지속적으로 심어 주고, 마지막으로 음주 운전자들을 대상으로는 '치료'가 병행되어야 한다. 2021년 한 해 동안 음주 운전 사고로 사망한 사람은 206명이었다. 이 가운데 85명, 즉 41.3%는 음주 운전을 2회 이상 저지른 재범자로 인해 안타깝게 목숨을 잃었다(경찰청). 제도 개선을 통해 안타까운 죽음이 또다시

발생하지 않게 하는 것만이 이들과 우리 모두를 위한 최선의 길일 것이다.

(동원이는) 둘도 없는 제 친구였어요. 생각이 깊은 아이였어요. 세상에 도움이 되는 일을 많이 할 아이라고 기대했는데, 그날 저의 꿈은 산산조각이 났습니다. 우리 가족은 모든 걸 잃었다고 말할 수 있겠네요. 고 이동원 군 아버지

45.5%

MZ세대 이직률

청년들의 이유 있는 '조용한 사직'

근무 시간에 무선 이어폰인 에어팟을 꽂고 일을 하는 젊은 사원. 상사가 말을 하든지 말든지 눈치 안 보고 자기 일만 하고, 상사가 야근을 하든지 말든지 정시에 퇴근한다. 이런 모습을 연기했던 〈SNL 코리아〉의 '맑은 눈의 광인' 캐릭터가 인기를 끈 것은 현실 고증이 잘됐다며 많은 사람이 호응했기 때문이다. 뭐니 뭐니 해도 MZ세대, 특히 Z세대를 탐탁지 않게 바라보는 시각을 단 한 단어로 표현한다면 바로 '이기심'이다. 에어팟을 껴도 한쪽 귀만 낀 채 혹시 모를 호출에 대비하고, 선배가 퇴근하지 않고 자리에 앉아 있으면 퇴근 시간이 지나도 자리에서 일어나기보다는 카카오톡 창을 열고 애꿎은 동기에게 '왜 안 가시는 걸까'라고 메시지를 보내던 저연차 시절의 나를 떠올리면 분명 낯선 모습이다. 그러니 나 역시 그런 시각에서 크게 다르지 않았음을 고백한다. 앞으로 등장하는 청년들을 만나기 전까지는 말이다.

조용한 사직(Quiet Quitting). 2022년에 등장한 신조어로 조용히 퇴직하겠다는 것이 아니라, 직장에서 자기가 맡은 최소한의 일만 하겠다는 의미다. 전 세계적으로 젊은 세대를 중심으로 공감대가 형성되기도 했다. 쉽게 말해 '열정 페이'와는 반대 개념으로, 회사에서 시키는 일만, 그것도 정해진 근무시간까지만 하겠다는 뜻이다. 거리에서 만난 20대들이 모두 이 표현을 알고 있는 것은 아니었지만, 그 뜻에 대해서는 대부분 거부감 없이 공감했다.

> (조용한 사직은) 자연스러운 현상이라고 생각하고 있어요. 당연히 야근하고, 열심히 해야 진급할 수 있는 우리나라 문화에 꼭 그렇게 하고 싶지 않은 사람들도 당연히 있을 거라고 생각해요. IT 업계 남성 직장인(29세)

이들은 전반적으로 일과 여가 생활의 균형, 이른바 '워라벨'을 중시했다. 그만큼 직장에서 추구하는 가치 역시 비교적 뚜렷하고 냉정했다.

> 일단 일이 끝난 후에는 관련된 생각은 전혀 안 하려고 노력을 하고요. 늦게까지 일하는 모습에 (직장 상사분들이) 감동

하실 분들이라고 해도 저는 안 그럴 것 같아요. 그렇게 사는 삶이 행복할 것 같지 않고, 그렇게 승진해서 산다고 해도 제 능력 밖의 일인 것 같아요. 홍보 업계 직장인(29세)

(직장에서 가장 크게 추구하는 가치는) 자기 계발이라고 생각해요. 이 회사의 방향하고 제가 추구하는 방향이 달라지거나, 아니면 제가 더 좋은 조건에서 일하게 되기 전까지만 다닐 것 같아요. IT 업계 남성 직장인(29세)

신기한 건 모두 현 직장을 다닌 지 2년이 되지 않았다는 점이었다. 조직에 적응하려고, 아니 낙오되지 않으려고 자기 계발까지는 생각지도 못하고 그저 '생존'을 목표로 했던 그 시절(2년차)의 나를 떠올리면서 이들은 참 영리하고 현명하다는 생각을 했던 것 같다. 그런데 이들의 똑부러짐이 어쩌면 불가피한 선택일 수 있다는 생각이 들었던 건 인터뷰 후반부에 들어서였다. 일단 업무 외 시간이 너무 치열해 보였다. 출근 전이나 퇴근 후 시간을 활용해 자기 계발을 하거나, 주말에는 아르바이트를 하면서 돈을 번다고 했다.

이직을 한 지 얼마 안 됐지만, 계속 쉬지 않고 (이직) 준비를 했던 것 같아요. 주말에는 카페 아르바이트를 하고 있어요.

수익을 올리는 게 가장 큰 목적이에요. 홍보 업계 직장인(29세)

(퇴근 후에는) 따로 공부를 하고 있어요. 꼭 이직을 위해서는 아니지만, 원하는 공부를 함으로써 여러 가지 길을 스스로 열어 주기 위해서요. IT 업계 남성 직장인(29세)

이들이 이처럼 열심인 건 왜일까. 인터뷰를 하면서 이들에게는 '평생직장' 개념이 희박한 건 물론, 한 직장에서 예상되는 근속 기간이 매우 짧다는 것을 알게 되었다. 한 직장을 오래 다닌다면 그 직장 내에서 인정받기 위한 노력과 헌신이 더 효과적인 선택이겠지만, 언제까지 다닐지도 모르는 직장에서는 사치다. 다음 직장을 위한 끊임없는 자기 계발은 이들에게 선택이 아닌 필수였던 것이다.

지금 직장에서 이제 3년 반 좀 넘었어요. 예상했던 건 3년까지 근무였는데……. 좋은 기회가 있다면 언제든지 '감사합니다' 하고 바로 정리하고 갈 의향이 있습니다. 애니메이션 업계 여성 직장인(29세)

이 세대들의 이직률을 살펴보았다. 20~35세, 흔히 MZ세대로 불리는 이들의 이직률은 45.5%나 되었다. 특히 두 번 이상 이직했다는 응답도 25.9%나 되었다(한국청소년정책연구원, 2020년). 실제 통계로도 이직이 잦은 편인 것이다. 이들이 이처럼 잦은 이직과 함께 '조용한 사직'을 선택하는 이유는 무엇일까. 무엇보다 산업구조가 빠르게 변화하는 상황에서 미래를 예측하기가 더 어려워졌기 때문이라는 분석이 나왔다.

> 젊은 세대들이 조직에서 성장이라든지 이런 거를 싫어하는 건 아니거든요. 열정 페이로 조직에 헌신하기에는 사회가 예측 가능성이 떨어지는 것도 굉장히 크게 작용하는 것 같아요. 이런 상황 속에서 조직 리더의 책임은 과거보다 더 크고, 권한은 작아졌다고 볼 수 있죠. 이로 인해 윗세대가 행복해 보이지 않는 부분도 요인으로 작용했다고 봅니다. 배영
> (포항공대 인문사회학부 교수)

미래를 보장받기도 쉽지 않은 데다가, 자신의 미래 모습으로 꿈꿔야 할 상사도 행복해 보이지 않으니 쉽게 다른 직장으로 눈을 돌리게 되었다는 것이다. 게다가 회사 역시 점차 신입 사원을 채용해 교육을 시킨 뒤 업무에 투입하기보다는 경력직을 채용해 곧바로 업무 성과를 요구하고 있다.

과거에는 대기업 중심으로 신입 사원이 입사하면 재교육을

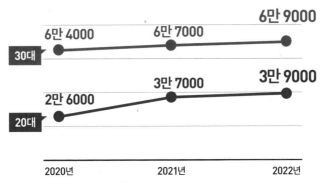

MZ세대 부업자 수 (명, 월평균)

30대
6만 4000 — 6만 7000 — 6만 9000

20대
2만 6000 — 3만 7000 — 3만 9000

2020년   2021년   2022년

출처 원자료는 통계청 마이크로데이터 경제활동인구조사

굉장히 중요히 여겼죠. 하지만 시장 상황이 나빠지면서 지금은 곧바로 직무에 투입할 경력자 위주로 선발하죠. 헌신에 앞서 바로 성과를 보여줘야 해요. 배영

어쩌면 이직을 할 수밖에 없는 삶, 불안정한 삶 속에서 실질적인 소득은 '열정 페이'가 아닌 부업을 통해 벌고 있었다. 부업을 하는 20·30 세대는 해마다 늘어 2022년 기준 약 10만 8000명으로 추산되었다(통계청 자료 가공).

이 글을 마무리하는 2023년에는 청년들의 조용한 사직에 기업들이 '반격(?)'에 나섰다는 소식이 들린다. 코로나19 팬데믹 종식 선언 후 기업들이 '조용한 해고(Quiet Cutting)'에 나섰다는 것이다. 미국 등의 글로벌 기업에서는 직원의 성과가 저조하면 업무 재배치 등을 통해 직원 스스로 퇴사하도록 유도하고 있다는 소식이었다.

MZ세대. 언뜻 보기에는 이기적이고 열정이 사라진 오늘날 청년의 모습 같지만, 고용 안정성이 사라져 가는 구조 속에서 더 치열하게 미래를 준비해야 한다는 현실적 이유가 그 안에 숨어 있었다. 한 청년은 조용한 사직은 자신에게는 '이제 1인분만 하겠다'는 의미라고 했다. 어쩌면 다음을 준비하기 위해 1인분만 할 수밖에 없는 이들에게 건투를 빌어야 하는 건 아닐까.

> 세상이 계속 2인분, 3인분을 요구하면서 돈은 0.5인분만 주고, (그래서 저는) 1인분만 하겠다, 너희도 나한테 1인분만 주지 않느냐 이런 마음도 어느 정도 내재해 있다고 생각해요.
> **홍보 업계 직장인(29세)**

47%

12시 자정 경기도에 있는 '서울 택시' 비율

우리가 택시를 잡지 못했던 이유

2022년 여름. 택시 잡기가 말 그대로 하늘의 별 따기인 적이 있었다. 코로나19로 인한 거리두기 제한이 완전히 풀리면서 사람들이 거리로 쏟아졌는데, 집으로 돌아갈 택시는 늘 부족했다. 그래서 대중교통이 끊겨 택시 말고는 집에 갈 수단이 없는 시각이 되면 다들 '택시 안 잡히는 거 아니냐'고 걱정하면서 맥주 한 모금을 더 마시던 그때, 국토교통부 장관까지 나서서 대책을 마련하겠다던 때였다. 그래서 택시는 왜 이렇게 늘 부족한지 따져 보았다.

그러다 흥미로운 수치를 발견했다. 택시 수요가 몰리는 시각인 자정쯤 서울 택시 절반가량, 정확히는 47%(카카오모빌리티, 2022년 4월 1~7일 집계)가 이미 경기도에 가 있었기 때문에 서울에서는 택시를 잡기가 쉽지 않았던 것이다. 택시 기사 입장에서는 손님이 몰리는 시간에 이왕이면 장거리 손님을 잡아 경기도로 가 있었던 것인데, 집에 갈 때 보통 거리가 먼 순서로 택시를 잡아 떠나는 것을 경험해 본 적이 있다면 쉽게 납득이 된다. 이처럼 경기 지역 손님을 태워서 이미 서울을 떠난 택시가 절반가량이나 되다 보니, 서울 내에서만 이동하는 택시를 잡기란 하늘의 별 따기가 된 것이었다. 시간대별로 보면 택시 기사들의 선택이 좀 더 명확하게 보였는데, 저녁 8시부터 배차 가능한 서울 택시가 서울 내에 있는 비율이 줄기 시작해 자정에는 가장 적은 절반가량만 남아 있는 식이었다.

장거리일 때는 돈을 많이 벌기 때문에 그렇죠. 예를 들어 종로구에서 구파발까지 가면 1만 3000원밖에 안 돼요. 다시 돌아올 때 열 대 중 아홉 대는 빈 차로 내려와요. 그런데 종

서울 택시의 서울 내 위치 비율 (%)

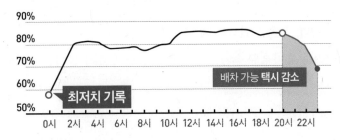

출처 카카오모빌리티(2022년 4월 1~7일 집계)

택시 기사의 평균 연령 (세)

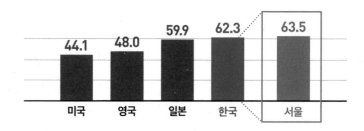

출처 한국교통안전공단 운수종사자관리시스템·카카오모빌리티

로에서 수원 영통으로 가면 한 번에 5만 원이 나와요. 박용수
(택시 기사)

게다가 운전기사 고령화로 운행 택시 자체도 줄어들었다. 현재
한국의 택시 기사 평균연령은 62.3세다. 해외와 비교해 보았더니,
40대인 미국·영국과는 차이가 컸고, 옆 나라 일본(59.9세)보다도
더 높았다. 서울만 보면 63.5세로 더 높아졌다(한국교통안전공단 운
수종사자관리시스템·카카오모빌리티). 그러다 보니 많은 택시 기사들
에게 야간 운행은 체력의 한계로 하고 싶어도 하지 못하는 선택
지가 되었다.

아무래도 좀 나이가 있으니 밤눈이 안 좋으니까 일찍 들어
가는 편이 많죠.

어떤 게 제일 어려우세요, 밤에?

제일 어려운 건 화장실이죠. 해결할 방법이 없어요. 택시 기사
(30년 경력)

실제로 서울시에 따르면 2022년 9월 기준 심야 택시 운행 대
수는 평균 2만 1617대로, 코로나19 이전인 2019년 12월(2만 6566
대) 대비 5000대가량 줄었다.

그렇다면 떠오르는 의문점은 '우리나라 택시 기사는 왜 고령화
되었을까?'인데, 이유는 간단했다. 노동시간 대비 '적은 수익' 때문
에 젊은 택시 기사들이 유입되지 않기 때문이다. 젊은 세대들이
들어오지 않으니, 택시 기사들의 평균연령은 계속해서 올라갈 수
밖에 없는 것이다.

택시 운행 시간을 하루에 10시간 가지고는 (수지가) 맞지 않
습니다. 그 이상으로 해야 생활을 하는 데 맞지. (그래서 하
루에) 14~15시간씩 합니다. (그러면 한 달에 수익은) 200만
~250만 원 정도 돼요. 오석주(택시 기사)

게다가 2년 넘게 지속되었던 코로나19 유행과 그로 인한 거리
두기 제한 역시 택시 기사들이 줄어드는 데 결정적 계기가 되었
다. 재택근무에 따라 서로 만나는 자리 자체가 없어지다 보니 택

시 수요가 줄면서 택시 기사 이탈은 더 가속화했다. 코로나19 유행 전(26만 7189명, 2019년 12월 말 기준)과 비교하면 약 2년 반 만에 3만 명 가까이 떠났다(23만 9195명, 2022년 5월 말, 전국택시운송사업조합연합회). 대부분 법인 택시 기사들이 줄면서 같은 기간 서울의 법인 택시 가동률은 50.4%에서 2022년 1분기 기준 31.5%까지 떨어졌다(서울시 택시정책팀). 그만큼 기사가 없어서 운행하지 못하고 서 있는 택시가 많다는 얘기다.

무엇보다 심야에 부족한 택시를 늘리는 것이 핵심이다. 심야 요금을 더 받는 '탄력요금제'에 대해 현장의 반응은 부정적이었다.

(요금 인상 등의) 임시 효과는 있을까 몰라도 시간이 지나면 마찬가지라고 생각합니다. (심야 시간은) 피로에 지치다 보니까, 어려우니까 또 쉬는 분도 있어요. 오석주

결국 전문가들이 내놓은 해결책은 간단했다. 시장에 맡기고 과감하게 택시 요금을 현실화해야 한다는 얘기였다. 그래야 배달이나 택배업으로 빠져 있는 젊은 세대들이 택시로 유입되어 부족한 심야 택시 기사 수를 채울 수 있다는 논리였다. 실제로 평균 택시 요금도 해외와 비교하면, 8킬로미터(20분) 주행 시 우리 택시 평균 요금은 7.44달러로 미국(18.17달러)과 영국(20.66달러)의 절반에 못 미치고, 일본(27.17달러)에 비해서는 약 3분의 1 수준도 안 된

다(taxicalculator.com, 2022년 8월).

상황이 이렇다 보니 기사들의 직업 만족도는 바닥 수준이다. 서울연구원의 직업 만족도 조사에서 택시 기사들의 15.2%만 직업에 만족한다고 응답했다(서울 연구원, 2021년). 열악한 근무 여건이 해결되지 않으면, 심야에 부족한 4000대 넘는 택시(서울 기준)를 채우기는 쉽지 않아 보인다.

49.1%

'제때 못 가는' 중증 응급 환자 비율

지금도 구급차에서 목숨을 잃는 사람들

2022년 의료계 내에서도 적잖이 놀란 사건이 발생했다. 서울 아산병원에서 일하던 간호사가 일터인 병원에서 뇌출혈로 쓰러졌지만 수술할 의사가 없어서 목숨을 잃은 일이었다. 업계에서는 응급 의료 인력 부족이라는 문제가 곪을 대로 곪아서 터질 게 터졌다는 목소리가 나왔다.

이른바 '응급실 뺑뺑이'로 불리는, 응급실을 찾지 못해 응급실을 전전하다 목숨을 잃는 사건이 2023년에도 연이어 발생했다. 수도권 한복판에서도 어린아이부터 노인까지 이렇게 목숨을 잃었다. 응급실을 찾지 못해 발을 동동 구른 경험이 있는 사람을 찾는 것은 어렵지 않았다. 인천 청라 신도시에서 만난 한 어머니는 고열에 경련을 일으키던 세 살짜리 아이를 병원에서 진료받게 하기까지 꼬박 스무 시간 가까이 걸렸다고 했다. 응급실을 찾아 부산에서 인천까지 이동했다. 아이와 함께 부산에 있는 친정집에 있다가 아이를 받아 주는 병원을 찾지 못해 자신이 사는 인천까지 와서야 겨우 치료를 받을 수 있었던 것이다.

> 대학병원 한 네다섯 군데를 다 119 대원님이 전화를 해주셨는데, 전부 다 '자리가 없다'고 해서 부산에서 양산에 있는 병원까지 갔어요. 진료도 못 보고 (결국) 밤늦게 여기 인천에 있는 대학병원에 입원을 시켰거든요. 만 3세 아이를 둔 엄마(인천 청라)

문제는 이런 일이 점점 늘어나는 추세라는 점이었다. 지난 5년

중증 응급 환자 적정 시간 내 미도착 비율 (%)

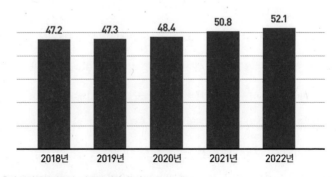

출처 국립중앙의료원·최혜영 의원실(2018~2022년)

동안 중증 응급 환자가 적정 시간 내에 병원에 도착하지 못한 비율을 따져 보니, 49.1%였다(71만 명, 국립중앙의료원·최혜영 의원실, 2018~2022년). 두 명 중 한 명꼴이나 되었다. 게다가 5년을 각각 살펴보면 해마다 그 수치가 점점 더 나빠지고 있었다.

상황이 이러한데 재이송 과정에서 '심정지나 호흡 정지'가 발생한 사례도 지난 5년간 총 3815건, 한 해 평균 763건이나 되었다(소방청, 《2022 119구급 서비스 통계 연보》, 2017~2021년). 이처럼 여러 응급실을 전전하는 재이송이 빈번한 이유를 살펴보면, 결정적인 건 환자를 진료할 '전문의 부족'이었다. 응급실에서 환자를 받아봤자, 치료할 의사가 없다는 얘기였다.

구조적인 문제들이 결국은 곪아 터져 나오는 느낌인 거죠. 가장 큰 문제는 인력의 문제죠. 언제나 응급실의 병상은 항상 차 있습니다. 구급대원들이 응급실에 전화를 하는 이유는 빈 병상이 없다는 걸 몰라서가 아니라, 비는 순간 나를 받아 달라는 얘기를 하기 위해서 전화를 하는 겁니다. 김대희

(가톨릭대학 인천성모병원 응급의학과 교수)

응급실에서 전문의 부족 현상이 나타나는 것은 무엇보다 의대 정원이 한 해 3058명으로 18년째 묶여 있었던 데다가(2023년 기준), 응급 상황에 대처할 수 있는 이른바 '필수 진료학과'를 기피

하는 현상도 점차 심화되었기 때문이다. 국립대 병원의 필수 의료 관련 과목 전공의 충원율은 지속적으로 감소해 왔다. 필수 의료 관련 과목인 여덟 개 과(내과, 외과, 산부인과, 소아청소년과, 신경과, 신경외과, 응급의학과, 흉부외과)의 충원율은 2017년 95.1%에서 2022년에는 78.5%로 줄었다(보건복지부·이종성 의원실, '2017~2022년 수련병원별 전공의 정원 및 충원 현황').

> 수술하는 의사도 부족하고, 응급의학과 의사도 부족합니다. 대부분의 대학병원급 의료기관의 의사들은 수술과 외래환자가 빼곡하게 있거든요. 그런데 밤에 응급 상황에 호출돼서 야간 근무를 하면, 다음 날 스케줄이 빠지는 게 아닙니다. 본인을 믿고 오는 환자를 또 버릴 수는 없잖아요. 여기에다가 삶의 질을 중시하는 풍조도 생겼죠. 후배들이 중환자를 보고 생명을 다루고 이런 응급 상황이 존재하는 과를 안 하겠다는 것을 막을 방법이 사실은 없죠. 김대희

이런 상황을 단적으로 보여주는 사례가 있다. 2023년 5월 청주의 한 병원에서 심장내과 의사 모집 공고를 올렸는데, 연봉 5억 원을 제시했다. 응급 상황 시 수술 부담도 있고 당직도 많다 보니, 이보다 낮은 연봉으로는 의사를 구하기가 어려웠던 것이다. 업계에서조차 의료 수가 등 각종 경제적 이득을 이들 필수 의료 과에 제

공한다고 해도 효과가 제한적일 수 있다는 지적이 나오는 이유다.

상황이 이렇다 보니 기피 학과의 전공의 평균연령은 외과와 산부인과는 53세, 흉부외과는 52세 등 이미 50세를 넘은 상태였다 (보건복지부·신현영 의원실, 2021년 12월 기준). 병상이나 의료 기관을 늘린다고 해도 의사가 부족하다면 문제는 해결되지 않는 구조인 것이다. 실제로 한국의 인구 1000명당 의사 수는 한의사를 포함해도 2.5명으로 3.7명인 OECD 회원국 평균에 비해 턱없이 부족하고('OECD 보건 통계 2022', 2020년 기준), 인구 고령화로 이대로라면 12년 뒤인 2035년에는 2만 7000명 넘게(2만 7232명) 부족하다는 전망도 나온다(한국보건사회연구원, 〈전문 과목별 의사 인력 수급 추계 연구 보고서〉, 2021년).

다만, 의료계의 반대를 뚫고 의대 정원 확대가 실현된다고 하더라도 의료진 확대에는 일정 시간이 걸릴 수밖에 없다. 그렇기 때문에 당장 취할 수 있는 대안은 응급 환자의 상당수를 차지하는 '경증' 환자를 분류하는 일이다. 무엇보다 '걸어 다니는 경증 환자'들이 응급실로 오는 것을 줄여야 한다는 목소리가 나왔다. 이들의 비중이 너무 높다 보니, 정작 위급한 환자들을 치료하기 힘들기 때문이다. 실제로 응급실이 있는 3차 병원의 경증 환자 비율은 70%가 넘는다. 정부도 문제의 심각성을 인식해 2023년 응급 의료 체계 개편안을 내놓았다. 구급대원이 병원과 같은 기준으로 환자의 중증도를 판단할 수 있게 하는 등 여러 조치를 내놓

개원의 임금	국민 1인당 외래 진료 횟수
30만 3000US달러	연간 **14.7회**
OECD 회원국 1위	OECD 회원국 1위
평균 23만 4000US달러	평균 5.9회

출처 OECD(2020년 기준)

았지만, 이때에도 구급차에 실려 오지 않고 걸어서 응급실을 찾아오는 경증 환자를 막기는 어렵다. 그래서 일본은 아예 '걸을 수 있는 환자'는 응급실이 있는 대학병원이나 전문병원과 같은 3차 병원 진입을 막았다. 증상에 따라 환자가 방문하는 의료 시설을 구분하는 것이다. 동네 의원급의 1차 병원이 경증 환자, 2차 병원이 입원 치료가 필요한 환자를 담당하고, 고도의 응급 의료가 필요한 중증 환자만 3차 병원에 올 수 있도록 병실을 엄격하게 비워 놓는 식이다. 미국은 높은 응급 의료 비용으로 경증 환자의 응급실 진입을 사실상 제어하고 있다.

부족한 의사 수에 상대적으로 수술 부담이 적고 의료 비용이 비싼 과로 의사들이 몰리면서 한국의 전문의 가운데 페이닥터로 불리는 봉직의와 개원 의사의 평균 연봉은 모두 OECD 회원국 가운데 압도적 1위다. 게다가 한국 국민의 응급 의료를 포함한 '외래 진료 횟수'도 OECD 회원국 가운데 단연 1위다. 그만큼 병

원을 찾는 횟수가 많다는 것이다. 응급실을 전전하다 가족을 잃
는 일이 잇따르는 지금의 상황을 바꾸기 위해서 가장 먼저 개선
되어야 할 수치들이 아닐까.

0 10 20 30 40 **50**
%
60 70 80 90

52.4% ·································· 로스쿨 입학 여성의 미래
53% ·································· 국내 대학의 존폐
57% ·································· '동성애 받아들일 수 없다'는 사람들
66.3% ·································· 고독사
67.8% ·································· 메타버스의 10대들
69.5% ·································· '계층 이동 힘들 것'이라고 답한 MZ세대
76.1% ·································· 한국 노동자의 연차 사용
81% ·································· 세월호 유가족의 트라우마
95.8% ·································· 카카오톡 없이는……

52.4%

로스쿨 입학생 여성 비율

그 많은 여성 법조인들은 어디로 갔을까

2023년 로스쿨 입학생은 처음으로 여성이 52.4%로 남성보다 많았다(법학전문대학원협의회, 2023년). 전문직인 예비 법조인 가운데 여성이 많다는 것은 고무적인 일이다. 특히 한 해 전인 2022년에는 변호사 시험 합격자의 44.4%가 여성이었다고 한다(법무부). 또 그해 신임 검사 가운데도 40.6%가 여성이었다. 그런데 법조계의 이런 여성 약진은 사실 꽤 오래된 흐름이었다. 이미 10여 년 전인 2009년에도 신임 검사 중 51.8%, 과반이 여성이었다. 하지만 시간이 꽤 흘렀음에도 현재 관리직 여성 법조인의 비율은 여전히 낮은 편이다. 그들은 모두 어디로 갔을까. 2020년, 검찰 스스로 이를 문제로 인식하고 개선하겠다고 밝힌 바도 있다.

신임 검사 여성 비율 (%)

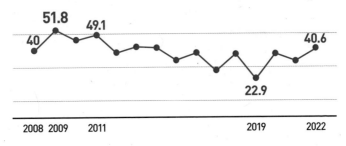

40   51.8   49.1   40.6

                                    22.9

2008 2009   2011   2019   2022

출처 법무부

검찰 조직 내 유리 천장 및 유리 장벽을 해소하고 여성 대표
성을 제고할 수 있도록 성 평등 검사 인사 기본 계획을 수립
하겠습니다. 김남준(법무검찰개혁위원장, 2020년 9월 21일)

법무부에 자료를 요청해 받아 보니, 2023년 5월 기준 검사장
급은 전체 43명 가운데 여성은 네 명뿐이었고, 차장검사급은 66
명 가운데 단 다섯 명만이 여성이었다. 비율로 따지면 각각 9.3%
와 7.6%로 한 자릿수에 불과했다. 정부 스스로 내세웠던 2022년
기준 정부 목표치를 지키지 못한 수치였다. 물론 이에 대한 내부
사정을 모르는 건 아니다. 관리직 여성 검사를 뽑으려고 해도 애
당초 승진 대상 기수 가운데 여성이 너무 적기 때문이다. 문제는
지금도 여전히 상당수의 여성 검사들은 관리직 승진 대상이 되
기도 전에 이미 경쟁에서 이탈하고 있다는 점이다.

변호사 업계도 크게 다르지 않았다. 매출액 기준 10대 로펌을 따져 보니, 임원급에 해당하는 지분이 있는 파트너 변호사, 이른 바 'EP 변호사'의 여성 비율이 가장 높은 곳이 20.8%였다. 나머지 로펌은 모두 10%대에 불과했다. 두 개 로펌은 영업 비밀이라는 이유로 아예 공개를 거부했다. '임신과 육아'를 이유로 여성 법조인들이 경쟁에서 아예 이탈하거나, 애초에 경쟁적이지 않은 곳을 선택했기 때문이라는 내부 진단이 나왔다. 실제로 여성 변호사 930명을 대상으로 진행한 조사에서 '여성인 점이 승진이나 진급에 불리하다'는 응답은 절반 가까이 되었고, 그 이유로 결혼·임신·출산·육아 등을 꼽은 비율이 압도적으로 높았다(대한변호사협회, 〈여성 변호사 실태 조사 보고서〉, 2020년).

이런 상황에서 2023년 한국의 대형 로펌 가운데 여성 변호사가 '대표'가 된 것은 단 두 곳뿐이었다. 여성 대표 변호사 한 사람을 직접 만났다. 그가 변호사가 되었던 20여 년 전만 해도 사법고시 합격 동기 600명 가운데 여자는 단 48명뿐이었다고 했다. 여

관리직 검사 여성 비율 (%)

	현재	정부 목표치	
검사장급	9.3	10	✕
차장검사급	7.6	21	✕
부장검사급	28.3	21	

출처 법무부(2023년 5월 1일 기준)

대형 로펌 파트너 변호사(EP) 여성 비율 (%)

광장 20.8	세종 19	율촌 16.1
지평 15.4	태평양 15	화우 13
바른 12.7	김앤장 ?	대륙아주 ?

출처 각 사(2023년 기준)

성 변호사 자체가 흔치 않다 보니 겪어야 할 일도 많았다. 사건 의뢰인이 '여자 변호사는 (내 사건에서) 빼달라'고 해서 업무에서 제외되는 일은 이제 없지만, 여전히 많은 여성 변호사가 EP가 되기 전에 일을 그만둔다고 한다. 그 이유는 대개 '육아'였다.

로펌의 변호사들은 보통 혼자 일하는 게 아니라 협업을 하거든요. 모든 파트너 변호사들이 주말이나 평일에도 야간까지 나와서 일하는데, 자신은 '아이 때문에 못 나온다'는 얘기를 하기 되게 어렵잖아요. 또 회의 내내 아이들한테서 전화가 옵니다. 결국 남에게 폐를 끼치는 것 자체가 싫어서 사내 변호사로 가거나, 법원에 지원하거나, 이런 식으로 법인을 많이 떠났죠. 이영희(법무법인 바른 대표변호사)

이런 상황에서도 그는 업계의 치열한 경쟁에서 살아남아 '대표 변호사'가 되었다. 물론 여러 요인이 있었겠지만, 본인 스스로 그 이유에 대해 이렇게 말했다.

제가 결혼했다면 여기까지 못 왔을 것 같다는 생각을 합니다. 사실 저는 아이를 양육할 시간을 전부 다 일에 쏟았다고 보면 될 것 같아요. 새벽 3~4시까지 일하고 돌아가도 저를 뒷받침해 줄 어머니가 계셨거든요. 저는 그랬지만 육아 문제

로 중간에 정말 아까운 인재들이 많이 나갔습니다. 이영희

게다가 애초에 변호사가 될 수 있는 자격시험 응시 기회에 '5
년'이라는 제한을 둔 것도 임신과 출산을 하는 여성들에게 차별
이라는 지적도 있었다. 현재 변호사시험법은 로스쿨 졸업 뒤 5년
동안만 변호사 시험에 응시할 수 있도록 제한한다. 예외는 군 복
무뿐이며 질병이나 임신, 출산 등의 예외는 허용하지 않고 있다.

(제가 맡은 사건의 원고는) 로스쿨 졸업하고 나서 바로 임신
이 된 거예요. 그래서 5년 동안 시험을 두 번밖에 못 보셨어
요. 실제로 이런 분들이 꽤 있어요. 출산일과 시험 기간이
겹치는 거예요. 몇몇 분들은 교실에서 간이침대를 옆에 놓
고 누웠다 앉았다 이러면서 시험을 본 거예요. 그 시험을 모
두 치르고 응급실로 가서 조산하셨어요. 그 교실에 다른 임
산부도 있었고요. 법조계에 여성이 차별받는 관행은 많지
만, (5년 제한은) 아예 법으로 금지한 거잖아요. 그러니까 관
행을 넘어서 법으로 차별하는 건 명백한 문제라고 생각해
요. 박은선(변호사)

이 같은 문제를 방지하기 위해 미국과 프랑스, 독일 등은 기간
이 아닌 횟수로 응시 기회를 제한하고 있다.

이러한 환경에서 여성 법조인이 관리직이 되기까지의 과정은 여전히 험난해 보인다. 법조계의 유리 천장에 관해 연구했던 한 교수는 여성들이 스스로 승진이나 성공을 꿈꾸지 않는 점을 지적했다. 의지박약이라서가 아니라 현실 학습으로, 즉 취업부터 차별을 경험하고 그 후 출산과 육아 등으로 배제를 경험하면서 스스로 이를 포기하게 된다는 것이었다.

> 남성(변호사)들한테 물어보면, 본인들은 당연히 다 파트너 변호사를 커리어 루트로 설정하고 간다고 하죠. 그렇지만 여성 변호사들은 그렇지 않았어요. 가사나 육아 같은 경우는 아무래도 여성한테 편중된 역할이나 책임을 요구하고 있기 때문에 아이를 키우면서 변호사 일을 할 수 있을 것이냐고 했을 때는 지레 포기하게 되는 거죠. 권혜원(동덕여대 경영학과 교수)

그렇기 때문에 관리직의 성 다양성이 제도적으로 좀 더 마련되어야 한다는 목소리가 나온다. 예비 법조인들의 공통된 이야기는 '일과 가정을 모두 잘 해낸 여성 법조인 선배를 본 적이 없다'는 것이었다. 그러니 그들이 선택할 수 있는 길은 출산을 포기하거나 아니면 경쟁 자체를 포기하는 것이 아니었을까. 가정을 꾸리면서도 치열하게 경쟁에서 살아남아 성공하는 자신의 모습을 그리지 않는 예비 여성 법조인의 말이 씁쓸했다.

임신과 출산을 '꼭 하고 싶다'고 생각하는데, 임신과 출산이
이뤄지게 된다면 필연적으로 경력 단절이 있을 수밖에 없겠
고⋯⋯. 그런 문제들 때문에 아예 출산이나 양육 생각이 없
다는 동기도 있었습니다. 공다은(이화여대 법학 전문 대학원생)

53%

대한민국 대학 등록금 의존도

사라져가는 대학들

"벚꽃 피는 순으로 대학이 사라진다."

　학령인구 감소로 지방 대학들이 폐교되는 현상을 빗대어 하는 말인데, 이미 흔한 말이 되었다. 2023년, 폐교 압박은 지방이 아닌 수도권까지 올라왔다. 그해 3월, 경기도 안산에 있는 한 대학은 교수와 교직원의 대량 해고가 진행 중이었다. 학교 측이 운영상 문제를 이유로 개강을 일주일 앞두고 갑작스럽게 개강일을 늦췄고, 여섯 개 학과는 신입생을 더 모집하지 않겠다고 했다. 그러면서 교수들도 29명을 명예퇴직 시켰고, 남아 있는 일부 교수들도 면직 통보를 받고 직장을 잃을 위기에 놓였다. 교직원도 절반이상 실직했고, 남아 있는 직원들도 넉 달째 급여를 받지 못했다. 직접 찾아간 3월의 대학 캠퍼스에는 학생은커녕 지나가는 사람조차 잘 보이지 않았다. 대학의 재정 악화가 비단 어제오늘 일은 아니었지만, 텅 빈 수도권 대학 캠퍼스를 보니 정신이 번쩍 드는 기분이었다. 한 교수는 그동안 대학 입시 설명회를 다니며 한 명의 학생이라도 더 얻기 위해 구걸 아닌 구걸을 해왔다고 말했다.

> 입학 자원이 없기 때문에 한 명이라도 보내 달라는 구걸 아
> 닌 그런 부탁을 각 고등학교를 다니면서 진행해 왔습니다. 불
> 과 3~4년 만에 80명이었던 과 모집 정원이 현재 35명으로
> 줄었어요. 엄청 급진적으로 빨리 줄었죠. 폐교 위기의 대학 교수

대학이 이처럼 힘들어진 이유는 무엇일까. 근본적인 것은 학령인구의 감소이겠지만, 이렇게까지 직격탄을 맞은 데는 국내 대학들의 등록금 의존도가 지나치게 높은 여파도 있다. 한국 사립대학의 2022년 평균 등록금 의존율은 53.5%였다(대학재정알리미). 서울의 주요 사립대 가운데는 60%대인 곳도 적지 않았다. 즉, 대학의 수입 가운데 등록금이 차지하는 비율이 절반을 넘었던 것이다. 이는 해외와 비교해도 높은 수치다. 미국에서는 이미 10여 년 전부터 주요 사립대는 33.3%, 주립대는 18.9%에 불과했다(대학교육연구소, 2010~2011년 기준).

국내 대학이 등록금에 의존하는 동안 만 18세 학령인구는 이미 2년 전부터 대학 입학 정원보다 적어졌다. 게다가 지금 같은

서울 주요 사립대 등록금 의존율 (%)

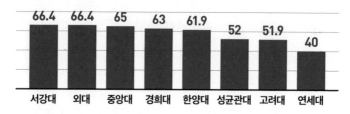

서강대	외대	중앙대	경희대	한양대	성균관대	고려대	연세대
66.4	66.4	65	63	61.9	52	51.9	40

출처 대학재정알리미(2022년)

만 18세 학령인구 (%)

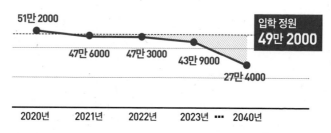

출처 대학교육연구소(2021년)

감소 추세라면 2040년에는 현재 대학 정원의 절반(42%가량)도 채우지 못한다는 전망이 나온다.

등록금을 낼 학령인구가 줄어드는 가운데, 등록금은 15년째 동결된 상태다. 이로 인해 재정이 악화된 대학은 자구책으로 '계약직 교수'를 늘리고 있었다. 이는 지방 대학뿐 아니라 서울의 주요 사립대학도 마찬가지였다. 2003년 연세대학교를 시작으로 대학들은 특히 정교수로 불리는 전임 교수 중에서도 정년이 보장

되지 않는 이른바 '비정년 트랙' 교수라는 이름도 생소한 형태의 교수를 고용해 왔다. 비용 절감 차원이었다. 그 결과 2016년부터 2020년까지 5년간 전국 사립 일반 대학의 신임 교수 절반은 바로 '비정년 트랙' 형태였고, 이들의 평균 연봉은 3871만 원이라는 통계도 있다(윤영덕 의원실, 2016~2020년 비정년 트랙 전임 교원 현황). 박봉과 불안정한 고용 속에서 높은 교육의 질을 기대하기는 힘들다.

> (비정년 트랙 등의 교수들은) 생계비를 또 마련해야 하니까 다른 경제활동을 해야 할 것이고, 자리가 보장된 것이 아니다 보니 더 높은 수준의 교육과 연구를 위한 활동을 하기 어렵게 되는 것이죠. 명문 대학조차 교수들이 은퇴하더라도 충원을 하지 못하거나 또는 비정년 트랙의 교수들을 채용해서 강의를 맡게 한다든가, 전체적으로 대학 교육과 연구의 질이 저하되는 문제를 공통적으로 안고 있습니다. 윤인진
> (고려대학교 사회학과 교수)

이와 동시에 주요 사립대를 중심으로 학생 정원은 줄지 않고 있다. 그나마 등록금 수익을 유지하기 위해서다. 이 학교들에서 대학 정원을 줄이지 않다 보니, 학령 인구 감소 속에서 지방 학교들은 폐교를 할 수밖에 없다. 지방 대학은 폐교를, 서울의 주요 사립대는 여전히 많은 정원으로 질 높은 교육을 받기 쉽지 않은 환

주요 대학교 입학 정원 (명)

경희대학교	2만 5998	옥스퍼드대학교	1만 1000
고려대학교	1만 9597	하버드대학교	6000
연세대학교	1만 9239	프린스턴대학교	5000

출처 대학알리미(2022년) · 해외 각 대학(2018~2019년)

경이 이어지고 있는 것이다. 해외 명문대 정원을 살펴보면 미국 하버드대학교가 6000명, 영국 프린스턴대학교가 5000명인데, 2만 명 안팎(2018~2019년 기준)인 한국 주요 사립대의 정원은 이들의 3배 수준이었다.

> 해외 대학의 경우 정원 규모는 우리나라 주요 사립대학들보다 1만 명에서 1만 5000명으로 적은데, 재정으로 보면 하버드대학교 같은 경우에 우리나라 서울대학교 예산의 9배, 스탠퍼드대학교는 10배, 도쿄대학교는 3.5배 정도 됩니다. 학생 수는 적은데 예산은 이렇게 많이 차이가 나니 결국 양질의 교육을 시킬 수 없는 지금의 결과는 굉장히 필연적이라고 볼 수 있죠. 임희성(대학교육연구소 연구원)

설상가상 한국의 대학 시스템은 전 세계에서도 유례가 없을 정도로 사립대 중심(85.5%, 교육통계서비스, 2021년)이다. 그만큼 정부의 지원 없이 유지해야 하는 것이다.

우리나라는 전 세계적으로도 유일하게 사립대학의 의존도
가 매우 높은 나라예요. 미국도 사립대학 수가 많기는 하지
만, 정원은 적어서 전체 학생의 60%는 주립대학에 다니죠.
사립대가 대부분인 상황에서 우리나라는 '대학은 개인의 선
택적 교육과정'이라는 인식하에 재정은 국가가 책임지지 않
았죠. 영국은 100% 사립대학인데, 재정의 절반을 정부가 지
원하는 정부 의존형 사립대학 체제를 가지고 있습니다. **임희성**

이 모든 악조건이 만나 현재 대학생 1인당 '공교육비 지원 규모'
는 OECD 회원국 평균(1만 6327달러)의 65.1%(1만 633달러) 수준에
머물러 있다(교육부·한국교육개발원, 2020년). 그런 이유로 무너지고
있는 국내 대학 교육을 살리기 위해 무엇보다 대학의 자구적 노
력에 더해 국가의 재정 지원이 시급하다는 지적이 이어지고 있다.

57%

'동성애 받아들일 수 없다'는 응답률

성소수자 공식 통계조차 없는 한국

"누구나 어떤 면에서는 소수자일 수 있다."

2023년 2월, 사실혼 관계의 동성 배우자에게도 건강보험 피부양자 자격을 인정하라는 판결이 나왔다. 동성 결혼은 여전히 불법임을 언급하면서도, 이성 관계의 사실혼 배우자만 피부양자 자격을 인정하는 것은 평등의 원칙에 위배된다는 이유였다. 그러면서 '누구나 소수자일 수 있다'는 점을 판결문에 담았다. 아직 대법원 판결이 남아 있지만, 1심 판결을 뒤집은 파격적인 결과였다.

다만, 우리 사회의 '동성애'에 대한 인식은 여전히 판결문만큼 포용적이지는 않았다. 2020년에 실시한 조사에서 "동성애자를 어떤 관계로도 받아들일 수 없다"고 답한 응답자 비율은 57%였다(한국행정연구원, 사회 통합 실태 조사, 2020년). "'전과자'를 어떤 관계로도 받아들일 수 없다"는 응답(69.4%)과 비교해도 크게 다르지 않을 만큼 동성애자에 대한 거부감이 컸다. 그리고 판결문이 나온 이후 만난 성소수자들이 느끼는 한국 사회의 분위기도 이와 크게 다르지는 않았다.

> 원숭이두창 사건(2022년 6월)이 일어났을 때 제가 동성애자라는 사실을 모르고 직장 동료들이 '동성애자 다 잡아 죽여야 된다'고 했으니 (배타적 시선을) 못 느낄 수는 없죠. 과거보다 나아졌다고는 하지만요. 제가 바라는 건 정말 평범하게 살고 싶다는 거예요. 법적 제도에서 배제되지 않고 누릴 수 있는 건 누리면서 살고 싶어요. **20대 성소수자**

또 다른 성소수자도 동성애자인 자신을 좋아하고 지지해 주지는 않더라도 법적 테두리에서 제외하지는 말아 달라는 점을 언급했다. 앞서 소개한 동성애자 피부양자 사건의 변호를 맡은 변호사 역시 성소수자였는데, 이번 판결의 의미가 깊지만 법적 보장 측면에서 갈 길이 멀다는 점을 강조했다.

> 혼인이 됨으로써 혼인하지 않은 사람에 비해 보장받는 권리가 1000개 정도 돼요. 그런데 그 1000개의 권리 중에 지금 딱 하나가 된 거죠, 피부양자는. 아직 할 게 한 999개 남아

있는 거죠. 박한희(변호사)

그러면서 함께 살고 있지만 가족으로서 인정받지 못하는 성소수자들은 특히 의료 기관에서 무력할 수밖에 없다고 말했다.

500쌍의 동거하는 동성 커플을 대상으로 설문 조사를 한 적이 있어요. 동성 커플이기 때문에 겪는 가장 큰 불편함 중 하나가 '의료'였어요. 병원에서 가족이 아니라는 이유로 수술 동의를 못 하게 한다든가, 아니면 관련 내용을 고지해 주지 않는다든가, 아니면 혈연 가족이 올 때까지는 아예 진행을 안 시키고 계속 대기하게 한다든가 이런 것들이 있거든요. 심지어 면회가 거부되기도 하면서 '함께 같이 살았던 사람이 아프고 정말 힘들어 하는데 내가 옆을 지킬 수 없다'는 데서 오는 무력감이 크거든요. 박한희

또 '상속'도 불가능하다 보니, 함께 살던 동거인이 사망해 집에서 쫓겨날 위기에 놓이기도 한 사례도 있었다.

(동성 배우자가 사망한 후) 처음에는 부모님이 방도 빼달라고 하고, 본인들이 이제 집을 못 보시겠다고 했다가 갑자기 며칠 뒤에 연락 와서 핸드폰, 노트북을 돌려 달라고 요구를 해

서, 그날 지방에 있었는데 새벽에 운전해서 올라와 가지고 급하게 훔쳤어요. 그날 집을 빨리 정리하고 고양이를 빨리 정리 못 하면 보호소로 보내야겠다고 (부모님들이나 친척들이) 그렇게 얘기를 하더라고요 협박하듯이, 협박하려고 한 건 아니겠지만, 협박이기도 하죠. 〈가족 질서 밖 소수자의 장례와 애도를 위한 사례 보고서〉, 가족구성권연구소, 2023년

동성 결혼을 합법화한 나라는 2001년 네덜란드를 시작으로 2023년 기준 34개국이다. 아시아 국가에서는 대만이 처음으로 2019년에 동성혼을 허용했다. 동성혼을 법으로 허용하지 않더라도 이들의 법적 지위를 일부 허용해 주는 형태도 있었다. 먼저 옆나라 일본에서는 일부 지자체에서 '파트너십 제도'를 통해 병원에서 동성 배우자의 지위를 가족과 동일하게 적용하고 있다. 일본 인구의 70% 이상이 이러한 파트너십 제도의 영향을 받고 있다고 한다. 이탈리아는 더 나아가 '시민 결합 제도'를 통해, 성소수자 부부간 상속과 비혼 출산이나 해외 입양까지 허용하고 있다. 프랑스는 24년 전(1999년 시행)에 만든 'PACS'란 이름의 '시민 연대 계약'을 통해 결혼을 하지 않더라도 출산과 육아 등을 지원받을 뿐 아니라 법적 관계를 인정받을 수 있도록 했다. 성소수자들의 동성혼을 합법화하는 대신 아예 새로운 형태를 만든 것인데, 성소수자를 위해 만들어졌지만, 현재 '결혼은 하기 싫지만 아이

는 낳고 싶은' 이성 커플들이 이 제도를 더 많이 이용하고 있다.

그렇기 때문에 성소수자에 대한 법적 권한을 넓히고, 더 나아가 혈연으로 맺어져야만 '정상 가족'이라는 우리 사회의 고정관념도 바뀌어야 한다는 목소리가 커지고 있다.

> 법적 가족이라는 게 저는 진짜 좁다고 생각하거든요. 동성 커플 같은 경우에는 책임을 지고 싶어도 질 수 있는 게 아무것도 없어요. **30대 성소수자**

이런 가운데 한국의 동성애 관용도는 2.8점으로 OECD 국가 가운데 튀르키예 다음으로 가장 낮았고, OECD 국가 평균(5.1점)에도 절반 수준에 그쳤다(OECD sociaty at a Glance, 2019). 성소수자에 대한 각국의 통계를 살펴보니 미국 7.1%, 영국 3.2%, 그리고 캐나다는 4%가량을 자국 내 성소수자로 집계하고 있었지만, 한

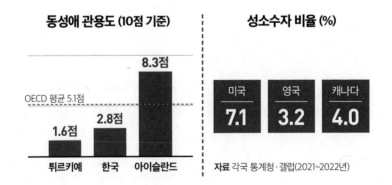

동성애 관용도 (10점 기준)

OECD 평균 5.1점

튀르키예	한국	아이슬란드
1.6점	2.8점	8.3점

성소수자 비율 (%)

미국	영국	캐나다
7.1	3.2	4.0

자료 각국 통계청·갤럽(2021~2022년)

국은 아직 이들에 대한 공식 통계조차 없다.

　앞서 소개했던 판결문 문장의 뒷부분을 마저 소개하면 다음과
같다.

　누구나 어떠한 면에서는 소수자일 수 있다. 소수자에 속한
　다는 것은 다수자와 다르다는 것일 뿐 그 자체로 틀리거나
　잘못된 것일 수 없다. 다수결 원칙이 지배하는 세상일수록
　소수자의 권리에 대한 인식과 이를 보호하기 위한 노력이
　필요하고 이는 인권 최후의 보루인 법원의 가장 큰 책무다.
　서울고법 행정1-3부 판결문 중(2023년 2월)

　누구나 될 수 있는 소수자. 프랑스의 PACS 제도를 지금은 이성
애자들이 더 잘 이용하고 있듯이, 소수자들에게 포용적인 사회를
만드는 것은 어쩌면 결국 우리 모두를 위한 길일지 모른다.

66.3%

고독사 중 최초 발견자가 가족이 아닌 비율

사회적 고립도가 세계 최고인 현실

크리스마스를 앞두고, 이날을 가장 쓸쓸하게 보내는 사람들은 누구일까 떠올린 적이 있다. 마침 그해(2022년)에는 국내에서 처음으로 '고독사(무연고 사망 제외)' 통계가 발표되었다. 수치를 보니 무엇보다 혼자 사는 남성, 특히 50대 남성이 고독사에 가장 취약했다. 노년층이 아니라 왜 50대 남성일까. 오랫동안 이 문제를 들여다보았던 한 연구원은 현재 우리 사회에서 빠르게 진행되는 '가족 해체'라는 환경 속에서 이 계층이 가장 취약하기 때문이라는 분석을 조심스럽게 내놓았다.

50~60대가 고독사로 가장 많은 건 의사분들도 '그게 맞냐', '그게 진짜냐' 확인할 정도예요. 일반적인 죽음이라고 볼 수

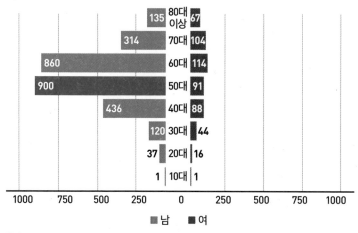

2021년 성별·연령별 고독사 발생 현황 (명)

		남	여
80대 이상		135	67
70대		314	104
60대		860	114
50대		900	91
40대		436	88
30대		120	44
20대		37	16
10대		1	1

1000 750 500 250 0 250 500 750 1000

■ 남 ■ 여

출처 보건복지부

없죠. 50대가 실직하는 건 오래된 역사를 갖고 있는데, 사망의 원인으로까지 가는 건 결국 가족의 안전판 역할이 무너져 있기 때문이라고 봐야 하지 않을까요. 송인주(서울시복지재단 선임 연구위원)

과거에는 실직 후에도 가족이라는 울타리 안에서 의식주를 해결해 왔다면, 이제 실직과 동시에 이혼 등으로 혼자 남겨진 50대 남성이 결국 생명을 잃을 정도로 취약해졌다는 내용이었다. 실제 현장은 어떤지 사회복지사와 동행했는데, 눈으로 확인한 모습은 수치가 말해 주는 것보다 훨씬 더 고독하고 가혹했다.

서울의 한 임대아파트. 사회복지사가 방문해 안부를 묻자 60
대 여성은 은행에서 받은 달력을 건넸다. 둘이 대화를 나눈 시간
은 5분도 채 되지 않을 만큼 짧았는데, 한 달에 한 번 오는 사회
복지사를 위해 미리 준비해 두었던 것으로 보였다. 사연을 묻는
내게도 이것저것 먹을 것을 권하는 모습에서 외로움을 보았다. 무
거운 마음으로 복지사와 함께 다음 집으로 향했다. 두 번째로 간
곳은 60대 남성이 살고 있는 집이었다. 초인종을 몇 번 눌러도 답
이 없었다. 불도 꺼져 있었다. 외출을 했을 것이라는 생각에 돌아
가려던 차에 혹시 몰라 복지사가 휴대폰으로 전화를 걸었는데,
놀랍게도 그는 집 안에 있었다. 허리를 다쳐 움직일 수조차 없어
서 문을 열 수 없었다고 했다. 실제로 그는 어두운 방 안에서 마
치 그곳에 없는 사람처럼 그저 누워 있었다.

> 움직일 수가 없어요. 일어나지도 못해요. (허리) 수술하고 나
> 서 이렇게 오른손도 못 쓰고, 다리도 못 쓰고 그러거든요.
> 수술하기 전에는 이런 일이 없었는데…….
> 혼자 사신 지는 얼마나 되셨어요?
> 꽤 오래됐습니다. 나는 날마다 기도를 해요. 정말 고통 없이
> 좀 죽었으면 좋겠어요. **독거 남성(63세)**

그는 공사장에서 인부로 일할 만큼 건장했지만, 허리 수술을

받은 뒤로는 하루아침에 더 이상 돈을 벌기도, 혼자 생활하기도 힘들어진 상황을 비관하고 있는 듯했다. 특히 그날 아침 갑자기 허리 통증이 더 심해져 물조차 마시지 못하고 가만히 누워 있었다. 그나마 옆집 이웃이 와서 장을 봐주고 도와줘서 위기를 넘겼다고 했다. 인터뷰를 하고 있는데, 그의 시선이 닿는 곳에 놓인 거울에 아들로 보이는 젊은 남성의 사진이 보였다. 왜 아들에게는 도움을 구하지 않는지 조심스럽게 물었지만, 제대로 된 답을 듣지 못했고 더 묻지도 못했다. 올해 63세인 그는 무직 상태로, 기초생활 수급비로 한 달에 60만 원도 안 되는 돈을 지원받는 것이 전부라고 했다. 움직일 수 없을 정도이지만 장애인으로 인정받지 못하고, 만 65세가 되지 않았으니 노인으로도 분류되지 않아 도움을 받을 수 없는 상황을 그는 낙담하고 있었다.

지원받고 싶은 게, 장기 요양 가면 밥을 먹을 수 있지 않습니까. 약 먹고, 밥 먹고, 또 여러 사람이 있는 데서 대화도 하고요. 그러다 보면 좋아지지 않을까 싶은데 저는 나이가 어려서 안 되더라고요. **독거 남성(63세)**

인터뷰를 마치고 돌아와서도 신경이 계속 쓰여, 다음 날 주민센터에 연락해 지원을 요청했다. 그러나 결국 자격이 안 된다는 이유로 그가 받을 수 있는 혜택은 한 차례 병원 동행 서비스 외에는 없다는 답을 들었다. 그 후 이분을 돕고 싶다는 활동가의 연락을 받고 다시 한번 시도했지만, 고마운 노력 후에도 상황을 바꿀수는 없었다. 결국 그에게 다음 끼니를 챙겨 줄 수 있는 건 이웃주민뿐인 상황이다. 경제적 지원도 부족하지만, 지원을 연계할 사회복지사나 도움을 줄 복지관의 수 역시 턱없이 부족한 것이 현실이었다.

> (사회복지사) 한 사람당 거의 200~300명 정도 담당하고 있습니다. 저 혼자 사실 감당하기 힘든 부분이 많이 있고요. 200~300세대를 한 달 안에 모두 방문한다는 건 불가능에 가까운 것 같고요. 저희 나름대로 위험군에 속한 분들은 명단을 정리했다가 자주 찾아뵙고, 어떻게 생활하고 계시나 파악하려고 많이 노력하고 있는 중입니다. **구수용(사회복지 전담 공무원)**

이러한 상황 속에서 처음 공개된 국내 고독사 건수는 2021년 기준 3378명이었다(보건복지부). 이 가운데 50~60대 남성이 전체 고독사 가운데 절반 이상을 차지했다. 1인 가구(33.4%, 통계청, 2021년)가 가장 보편적인 가구 형태가 되면서 이들이 가장 취약한 계층으로 몰리고 있는 것이었다.

해외에서는 외로움을 심각한 사회적 문제로 보고 담당 장관을 두고 있다. 영국(외로움 담당 장관, 2018년 신설)과 일본(고독 담당 장관, 2021년 신설) 정부가 대표적인 사례다. 먼저 영국을 보면, 의사가 외로움 지수가 높은 환자에게는 '사회적 관계 처방'도 함께 내리고 있었다. 즉, 약물 처방으로 그치는 것이 아니라 사회적 활동과 사람과의 교류를 처방전으로 내주는 등 적극적으로 관리하고 있었다. 이웃을 비롯한 이른바 관계망 회복을 통한 해결책을 찾고 있는 것이다. 이를 위해서는 지원이 필요한 주민 간에 커뮤니티를 형성할 수 있는 복지관 같은 시설이 가까운 거리에 반드시 있어야 한다. 그렇기 때문에 이러한 시설을 늘려야 좀 더 지속적이고 실질적인 도움을 줄 수 있다는 진단도 나온다.

> (고독사와 관련해) 경제적으로 어렵지 않은 사람들의 사례는 별로 없었어요. 다만 공적 지원을 하는 경제적 지원 대상도 돈만 지원해 주고 끝내는 것이 아니라 반드시 관계망이나 연결에 대한 지원을 고려해야 해요. 이것이 같이 지원되지 않으면 변화 과정이 더 느려질 수 있고, 문제가 잘 해결되지 않을 수 있어요. 송인주

이런 가운데 고독사 중 최초 발견자가 가족이 아닌 비율을 살펴보았더니 66.3%에 이르렀다(보건복지부, 2021년 기준). 가족이 사망 사실을 발견한 비율은 친인척까지 모두 합쳐도 33.7% 수준에

그쳤다. 임종 후 일정 시간이 지나도, 이를 발견한 사람마저 가족이 아니었던 것이다. 한국의 사회적 고립도 지수는 50세 이상의 경우 36.9%로, OECD 회원국 평균인 12.8%보다 상당히 높은 수준이었다(OECD, "How's life?: Measuring well-being", 2020).

공적 지원 부족에 이어 이웃까지 잃어버린 현재 우리나라에서의 삶이 '불편'을 넘어 '생명'을 위협하고 있었다.

67.8%

메타버스 앱 사용자의 10대 비율

'개인 정보' 악용에 취약한 아이들

'본디'라는 메타버스 앱이 반짝 인기를 얻은 적이 있다. 출시 4개월 만에 구글 플레이에서만 다운로드 수 500만 회를 넘어섰을 정도다. 여기저기서 본디의 인기 비결을 분석했는데, '50명만' 친구를 맺을 수 있다는 것이 주요 특징으로 꼽혔다. 그동안 페이스북과 인스타그램 등 소셜미디어가 지나치게 많은 인맥을 관리하게 유도했다면, 인원을 제한해서 더 친밀한 관계를 확인할 수 있는 것이 인기 비결 중 하나로 여겨졌다.

그런데 그 인기가 오래가지는 못했다. 열풍과 동시에 '개인 정보 유출' 논란으로 탈퇴 움직임이 일었고, 그 움직임이 계속되자 본디 측이 직접 공식 입장을 내며 해명하기도 했지만 탈퇴 흐름을 바꾸지는 못했다. 탈퇴 이유는 간단했다. 본디가 사실상 '중국'

회사이고, 가입 시 정보 수집 항목이 지나치게 많다는 것이었다. 본디 측은 모두 사실이 아니라고 반박했다. 본디의 해명을 가지고 전문가와 따져 보았다. 전문가의 의견은 간단했다. 다른 앱보다 더 위험하다고 볼 수는 없지만, 해외에 서버를 둔 만큼 주의할 필요는 있다고 조언했다.

> 개인 정보 유출 문제는 사실 모든 플랫폼이 갖고 있는 문제입니다. 그래서 어떤 플랫폼에서든 은밀한 정보, 건강과 관련된 것들은 앱 내에서 교류하지 않는 것이 좋긴 합니다. 본디처럼 서버가 한국에 있지 않은 경우, 유출 시 위험은 커질 수 있죠. 김상균(경희대학교 경영대학원 교수)

굳이 본디에 국한하지 않더라도 기술이 발전할수록 '메타버스' 공간은 예상보다 더 많은 개인 정보 유출이 가능한 구조다. 2019년 텔레그램 등에서 발생한 성 착취 범죄였던 'n번방 사건'도 결국 온라인이라는 가상공간에서 얻은 개인 정보를 통해 무수한 피해자를 양산했다.

> (메타버스 내에서) 내가 어디 가서 누구를 쳐다보고, 누구를 만나고, 어디로 움직이는지가 다 데이터가 되어서 제3자가 편하게 분석할 수 있다는 건 끔찍한 겁니다. n번방 사건도

익명으로 소통하다가 자그마한 단서로 '너 특정됐어'라고 하고, 말 안 들으면 협박해서 계속 요구하잖아요. 그거랑 똑같은 거예요. 김상균

실제로 가상현실 공간에서 20분 만에 사용자로부터 얻을 수 있는 데이터는 약 200만 개에 달한다는 연구 결과도 있다(스탠퍼드대학교 가상인간상호작용연구실(Virtual human interaction lab) 보고서("Protecting Nonverbal Data Tracked in Virtual Reality")).

다만, 이처럼 온라인이 아닌 가상현실 세계인 메타버스 내 정보 유출로 직접적인 피해가 발생한 사례는 아직 알려진 바 없다. 그러나 가상현실 속 성범죄는 문제가 된 지 오래다. 아바타를 성추행하거나 성희롱하는 방식이다. 또는 실제 사진 등을 요구하는 식이다. 실제로 가상공간에서 피해를 당했다는 학생을 만나보았다. 피해도 피해지만, 아직 너무 어린 나이였다.

초등학교 6학년부터 중학교 1학년 후반까지는 '제페토'를 했는데, 두세 번 자기 번호 주면서 '네 얼굴이나 몸 사진을 보여주면 5만 원을 주겠다' 이런 식으로 연락이 왔었어요. 무서웠어요. 메타버스 피해자(15세)

문제는 이러한 서비스의 이용자 가운데 10대의 비중이 높다는

것이다. 닐슨이 실시한 조사에서 메타버스 앱 가운데 '로블록스' 라는 앱 사용자의 7~18세 비중은 67.8%였다(닐슨코리아, 2023년 1월, 갤럭시 사용자 8000명 대상). 또 다른 앱인 '제페토'에서도 이들의 비중은 43.4%로, 전 연령대 중에서 가장 많았다. 메타버스상에서 위험에 무방비로 노출된 대상은 현재로서는 10대인 것이다.

가장 우려되는 점은 아이들이 당할 수 있는 성과 관련된 범죄 노출 문제예요. 성과 관련된 행동은 사전에 예방되고 발생이 탐지되어서 복구하거나 교정할 수 있는 행동이 들어갈 수 있도록 법적인 흐름이 만들어져야 하는데, 아직까지는 매우 약합니다. 현재는 메타버스 플랫폼에 들어갔는데 누군가 성적인 얘기를 하더라도 실시간으로 필터링은 전혀 되지 않습니다. **김상균**

이런 현실 속에서 메타버스 내 '아바타'의 법적 지위 근거를 마련하는 법안은 아직 국회에서 소위를 통과하지 못한 상태다. 그러나 동시에 메타버스 기술은 단순한 재미를 넘어 부가가치를 창출하는 시도가 계속되고 있다. 메타버스 세계시장 규모가 2030년이면 2019년(455억 달러)보다 34배(1조 5429억 달러) 성장할 것이라는 전망(글로벌 컨설팅 그룹 PWC)이 있지만, 제도적 기반 마련에 대한 논의는 더딘 상황이다.

'본디' 서비스의 인기가 금방 사라진 것처럼, 메타버스의 인기도 최근 다시 시들해진 상태다. 아직 가상현실을 즐길 수 있는 장비가 비싸고 콘텐츠 양이 부족해 대중화되지 않은 탓이 크다. 다만, 해외에서는 메타버스 기술이 오락 차원을 넘어 부가가치도 창출하고 있다. 일본 도쿄의 한 카페에서는 로봇이 주문을 받고 커피를 날라 주고 있었는데, 이를 원격조종 하는 이들은 다른 지역에 살고 있는 일본의 지체 장애인들이었다. 이들은 신체적인 장벽을 뛰어넘어 부가가치를 창출하고 있었다. 전문가들은 메타버스 기술이 대중화되기까지 10년도 남지 않았다고 전망한다. 우리는 과연 어떤 메타버스 세상을 마주하게 될까.

메타버스가 대중화되기 위해서는 우선 장비가 교체되어야 하죠. 그런데 교체되는 시점은 10년 이내에 도래할 것이라고 봅니다. 현재 스마트폰은 기술 발전에 한계가 있습니다. 더 이상 보여줄 게 없다는 뜻이죠. 다음 기술 중에서 가장 현실적인 건 '메타버스' 장비라고 봅니다. **김상균**

69.5%

"계층 이동 힘들 것"이라고 답한 MZ 세대 비율

20·30세대의 명품 소비 자극한 '불평등'

'중장년층 술'로 불리던 고급 증류주인 위스키는 이제 '아재술'이 아니다. 백화점 내 위스키 팝업 매장은 한눈에 봐도 20대들이 대부분이었다. 편의점의 위스키 매출도 절반 이상이 20·30세대다. 양주 할인 매장 앞에는 영업 시작 전부터 와서 줄을 서는 '오픈 런'이 벌어지고 있다. 양주가 코로나19를 계기로 20·30세대 중심으로 매출이 급증했다고 하지만, 이들 세대의 명품 사랑은 이미 오래된 일이 되었다. 국내 3대 백화점의 20·30 세대 명품 소비 매출액 관련 자료를 요청해 받아 보니, 이미 몇 년 전부터 전체 백화점 명품 매출의 50%에 육박하거나 넘은 곳이 대부분이었다.

이들을 만나러 백화점 영업 시작 전인 평일 오전 9시에 현장을 찾아가 보았다. 가만히 서 있으면 발이 얼어붙을 정도로 추운 겨

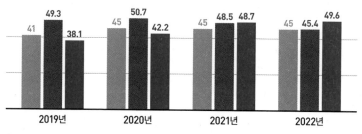

백화점 명품 매출 중 20·30세대 비중 (%)

■ 롯데 ■ 신세계 ■ 현대

	롯데	신세계	현대
2019년	41	49.3	38.1
2020년	45	50.7	42.2
2021년	45	48.5	48.7
2022년	45	45.4	49.6

출처 각 사

울, 평일인데도 길게 줄이 늘어서 있었다. 줄이 가장 긴 쪽은 명품 시계 브랜드인 롤렉스 매장 앞이었다. 제일 앞에 서 있던 20대 여성에게 물어보니, 이곳에 도착한 시간은 새벽 1시라고 했다. 개장 시간보다 무려 아홉 시간 반 전에 온 것이다. 롤렉스 시계는 사고 싶어도 구매 자체가 너무 어렵다 보니, 사자마자 인터넷에 되팔아도 수익이 제법 남는 것 같았다. 이런 이유로 이른바 '롤렉스 알바'를 구하거나 경험담을 나누는 글을 온라인상에서 어렵지 않게 찾아볼 수 있었다. 명품을 좋아하지 않더라도 단순히 돈벌이 수단으로 나쁘지 않은 상황이었다. 그런데 다른 명품 매장은 그렇지 않아 보였다. 여자친구의 생일 선물로 이왕이면 명품을 사주고 싶거나, 본인에게 스스로 명품 선물을 해주고 싶다고 매장을 찾은 20·30세대를 어렵지 않게 볼 수 있었다. 한 남성은 여자친구에게 줄 선물을 사기 위해 왔지만 마음에 드는 명품을 못 찾았다며 다른 백화점 명품 매장으로 향하고 있었다. 어찌 되었건 이들의 명품 사랑으로 이제는 대기 번호표 없이는 명품 매장에 진입하는 것조차 쉽지 않았다.

이들이 명품에 빠지게 된 계기는 무엇일까. 대부분 소셜미디어를 꼽았다. 별 생각 없이 인스타그램 등을 보다 보면 '나도 갖고 싶다'는 생각이 든다는 것이었다. 실제로 유튜브에는 '명품 하울'이라는 제목으로 자신이 산 명품 사진을 올리거나 명품 품평을 하는 젊은 유튜버들의 게시물이 넘쳐났다.

> 친구도 친구지만 인스타나 유튜브 같은 데 비춰지는 그런 사람들이 입고 있는 것을 보고 찾아보면 명품이고, '저거 사고 싶다'는 생각이 들더라고요. SNS도 많이 하다 보니까 주변에도 돈이 생기면 명품을 한 달에 한 번씩 사는 친구들도 많고요. **명품 구매자 김주원(24세)**

이와 같은 소셜미디어의 영향에 더해, 타인에게 쉽게 영향을 받는 한국의 문화까지 겹쳐져 명품이 20·30세대의 '또래 문화'로 자리 잡았다는 진단이 나온다.

한국 문화적 특성이 개인의 선호도를 정할 때도 나타나서,

공동체 안에서 합의된 규범이나 이런 것들에 훨씬 영향을 많이 받는 상호의존적 문화가 있다고 하거든요. 예를 들면, 개인이 원하는 물건이 있어도, 남들이 좋다고 하는 것에 많이 흔들린다는 연구 결과도 있고요. 거기에 더해서 20·30세대의 명품 소비 증가는 소속감을 느끼게 해주는 물품 같은 게 있는데, 한때 중고등학생들 사이에서 노스페이스 패딩이 그랬고요, 지금 대학생들에게는 과잠이 있고요, 이번 20·30세대에는 그게 '명품'인 거죠. **나진경(서강대학교 심리학과 교수)**

물론 젊은 층의 명품 소비 증가는 한국만의 일은 아니다. 미국과 프랑스를 비롯한 5개국의 구매를 분석한 조사(클라나(Klarna) 보고서, "The State of Smooth: Unpacking Luxury in 2022")에 따르면, 최근 1년간 명품을 구매한 경험이 있는지 물어보니 M세대가 63%, Z세대가 60%로, 모든 세대(베이비부머 세대 18%, X세대 46%) 가운데 가장 높았다. 다만 한국의 명품 소비는 그중에서도 높은데 시장 규모(125억 400만 달러)로는 세계 7위(딜로이트 코리아, 2020년), 1인당 소비액(325달러)으로는 전 세계 1위(모건스탠리, 2022년)다. 그런데 MZ세대의 명품 소비가 더욱 두드러지는 것은 '불평등'의 영향에 있다는 흥미로운 분석도 있었다.

한국의 불평등이 심화된 것도 사실이지만, 젊은 세대들이

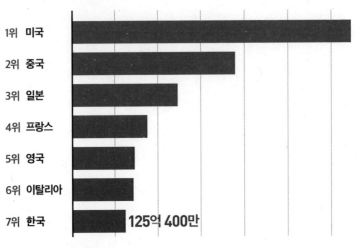

명품 시장 규모 (달러)

1위 **미국**
2위 **중국**
3위 **일본**
4위 **프랑스**
5위 **영국**
6위 **이탈리아**
7위 **한국** 125억 400만

출처 딜로이트 코리아(2020년)

1인당 명품 소비액 (달러)

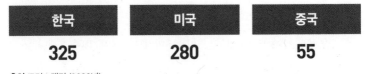

한국	미국	중국
325	**280**	**55**

출처 모건스탠리 (2022년)

인스타그램 같은 SNS를 많이 사용하면서 불평등하다는 것에 더 쉽게 노출도 되죠. 그런 세대들은 특히 상대적 박탈감을 느낄 수 있고요. 불평등에 노출되면 장기적인 관점에서 돈을 소비하는 게 아니라 단기적인 관점에서 소비를 하게 된다는 연구 결과도 있습니다. **나진경**

현실이 '불평등'하다고 여기면, 미래보다는 '현재'를 위한 소비를 할 가능성이 크다는 맥락이었다. 이를테면 '앞으로 나는 아파트도 못 살 텐데 차라리 지금 명품을 사서 즐기자'라는 식의 소비라는 설명이다. 한국의 불평등 지수를 보면 상위 20% 계층의 평균 소득(7339만 원)은 하위 20%(1232만 원)보다 약 6배 더 높고(통계청, 2021년), 평균 자산은 상위 20%(12억 910만 원)가 국내 전체 자산의 44%를 차지하고 있다(통계청, 2022 가계금융복지조사). 이러한 실질적인 불평등에, 세계적으로도 높은 수준의 소셜미디어 이용률과 시간이 겹쳐 명품 소비로 나타난 것이 아니냐는 분석이 나온다.

실제로 서울에 사는 20·30 청년들 가운데 "계층 이동을 할 가능성이 '낮다'"고 응답한 비율은 69.5%였다(서울연구원, 20~39세 청년 1000명 대상, 2020년 7월 7~14일 조사). 우리 사회가 불평등하고 이처럼 개선조차 어렵다는 부정적 인식과 함께 MZ세대들의 높은 SNS 이용률(M세대 83.5%, Z세대 72.6%, 정보통신정책연구원, 2021년 기준)이 만나, 이 세대들이 '오늘의 명품'을 사는 데만 열중하고 있는 것은 아닐까.

76.1%

노동자 연차 소진율

'근로자의 날'이 차별하는 노동자?

5월 1일 '근로자의 날'을 앞두고 문득 궁금해졌다. '유치원이 쉬었던가?' 맘카페 글을 찾아보고 어린이집은 쉬지만, 유치원은 쉬지 않는다는 것을 알게 되었다. 신기해서 그 이유를 찾아보니 다름 아닌 법이 노동자들을 갈라놓고 있었다. 이 사실을 발견한 것이 바로 이 글의 발단이다.

중요한 건 근로자의 날에 쉬고 안 쉬고를 떠나 이날 일하더라도 '휴일수당'을 받아 제대로 보상받을 수 있느냐는 것이다. 현행법(근로자의 날 제정에 관한 법률)에서는 이날을 돈 받고 쉬는 '유급휴일'로 정했는데, 조건이 붙어 있었다. 바로 근로기준법이 정하는 '근로자'에 한해서라는 조건이다. 이 때문에 공무원법이 별도로 있는 공무원은 모두 제외된다. 교육 공무원(국공립 유치원 교사)

이거나 이에 준해 적용받는 교원인 사립 유치원 교사는 쉬지 않지만, '근로자'인 어린이집 교사는 쉴 수 있는 것은 이런 이유 때문이다. 공무원들에게 특별 휴가를 주는 곳도 있지만, 일부에 지나지 않는다.

> 공무원을 노동자로 보지 않는 거죠. 부부 공무원이 있어요. 어린이집이 그날 쉬잖아요. 아이를 맡길 데가 없으니까 아이를 데리고 출근해요. 실제로 5월 1일 날 우리가 근무를 해보면 민원이 없어요. 우리는 그냥 불 켜놓고 절간처럼 기다리고 있는 거예요. **박중배(전국공무원노조 대변인)**

이렇다 보니 우체국에서는 매년 근로자의 날이 되면 웃지 못할 일이 벌어진다. 모두 공무원이지만, 같은 우체국 내에서도 5월 1일이 되면 쉬는 사람과 쉬지 못하는 사람으로 나뉘기 때문이다. 우체국 내에서 '우정직 공무원'으로 불리는 집배원 등은 법에서 예외적으로 노동3권을 적용해, 다시 말해 '근로자'로 인정해 쉴 수 있었다.

> 행정직과 우정직으로 나뉘어 있는데, (행정직인) 저희는 정상 근무를 합니다. 그런데 사실상 (우정직) 공무원, 집배원 등은 쉽니다. **이경애(서울 영등포우체국 지원과장)**

근로자의 날이라고 하면 우체국을 이용하는 분들이 되게
적어요. (이왕 휴무라면) 다 같이 휴일로 정한다면 좋겠죠. 이
은아(서울 영등포우체국 우편실장)

이날 쉴 수 없는 또 다른 노동자는 바로 수당 체계로 임금을
받는 '특수고용직'이다. 특수고용직 형태가 많은 대표적인 예가 바
로 택배 기사. 20년 경력의 택배 기사는 이날 지난 20년간 단 한
번도 쉬지 못했다고 했다. 그는 온 가족이 쉴 때 자신만 쉬지 못
하고 일을 나갈 때가 서글펐다고 했다.

그냥 정상 근무일인 거죠. 다른 사람들은 다 쉬는데, 그걸 보
면서 나도 똑같은 근로자인 것 같은데 왜 나는 쉬지 못하고
이렇게 근무하고 있을까, 매년 그런 생각을 하면서 사실 일
하고 있습니다. 나라에서 왜 근로자들을 이렇게 다 나눠 놓
는지 그게 좀 이해가 가지 않고요. 장재혁(20년 경력 택배 기사)

특수고용직 외에도 대리 기사나 배달 기사처럼 플랫폼을 통해
일하는 플랫폼 노동자와 5인 미만 사업장의 노동자도 모두 마찬
가지다. 실제로 근로자의 날에 출근한다고 답한 사람은 30.4%였
는데, 5인 미만 영세 기업의 경우 59.1%로 절반이 넘었고 가장 많
았다(인크루트, 직장인 1095명 대상 설문, 2023년 4월 20~24일 실시). 이

근로자의 날에 출근하나요? (%)

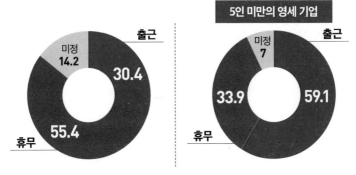

조사 기관 인크루트 **조사 대상** 직장인 1095명 **조사 기간** 2023년 4월 20~24일

비율은 중소기업, 중견기업, 대기업으로 갈수록 낮아졌다. 영세기업의 노동자들은 쉬지 못하는 것은 물론, 휴일 가산 수당도 받지 못하고 일하는 것이다.

근로자의 날 쉬지 못하는 사람들에게 주목하는 것은 애당초 근로자의 날의 취지에 맞지 않기 때문이다. 근로자의 날은 1886년 5월 1일 미국 시카고에서 8만 명의 노동자가 거리 파업 집회를 연 데서 비롯되었다. 한국에서는 1958년에 (날짜는 지금과 달랐지만) '근로자들의 노고를 위로하고 근무 의욕을 높이기 위해' 노동절을 만들었고, 그 후 1963년 노동법을 개정하면서 '근로자의 날'로 정했다. 문제는 적용 대상이었다.

1963년에 이 법(근로자의 날 제정에 관한 법률)을 제정할 때

상당히 편의주의적으로 제정한 건데요. 한국의 피고용자 직장인들을 가장 많이 포괄하는 일반적인 법이 '근로기준법'입니다. 하지만 (새로운 형태의 고용이 생기면서) 법의 사각지대가 생겼지만, 미세하게 신경을 못 쓴 상태로 지금까지 이어져 온 거죠. 또 가장 먼저 보호받아야 할 노동자부터 적용된 것이 아니라 그 법이 적용되어도 부담이 적은 기업부터 적용된 겁니다. 그러다 보니 비교적 안정적이고 대기업에서 일하는 사람들부터 혜택을 받게 된 거죠. 사회복지의 측면에서는 법 적용 순서가 거꾸로 된 거거든요. 정말 휴일을 보장받아야 할 노동자들은 휴일 사각지대에 있는 비교적 열악한 상태에 있는 노동자들이거든요. **하종강(성공회대학교 노동아카데미 교수)**

근로자의 날은 대부분의 국가(미국, 캐나다, 일본, 프랑스, 독일)에서 날짜는 다르지만 노동자를 구분하지 않고 모두가 쉬는 '국가공휴일'로 정해 놓고 있다. 무엇보다 이렇게 하는 것이 오히려 한 국가가 치러야 할 사회적 비용이 적다는 분석이 나온다.

우리나라처럼 근로자를 세세하게 구분해서 법의 적용을 받을 수 있는 사람과 그렇지 못한 사람을 이렇게 다양하게 구분하고 있는 법 제도를 가진 나라는 거의 없습니다. 유럽이

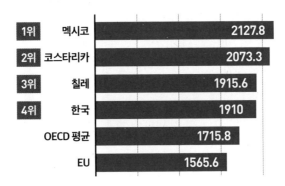

OECD 국가 한 해 평균 노동시간 (시간)

순위	국가	시간
1위	멕시코	2127.8
2위	코스타리카	2073.3
3위	칠레	1915.6
4위	한국	1910
	OECD 평균	1715.8
	EU	1565.6

출처 Statista(2021년)

나 미국 등에서는 우버 등의 플랫폼 노동자들을 개인 사업자가 아니라 노동법의 보호를 받을 수 있는 노동자로 해석하는 추세입니다. 기업이 마땅히 부담해야 할 노동비용을 감당하지 않으면, 나중에 더 큰 사회적 비용이 발생할 수 있고 결국 국민의 세금으로 부담하게 되는데, 그것은 바람직하지 않다고 본 거죠. **하종강**

그렇다면 우리는 어떤 사회적 비용을 치르고 있을까. 노동자를 휴일로도 차별을 두고 임금에서도 큰 격차가 있는 사회. 이것이 점차 쌓여 우리 사회가 치르고 있는 사회적 비용이 이미 커져 버린 것인지도 모른다. 특히 세계 최저 수준의 출산율도 이와 무관하지 않다는 분석도 나온다. 공부를 잘하는 사람과 그렇지 못한 사람 간의 소득부터 휴일까지 격차가 지나치게 크다 보니 '자식이 행여 (공부를 못해) 나보다 못 살까 봐 무서워서 아이를 못 낳겠다'는 생각으로 이어진다는 것이다.

세계 최장 시간 노동을 하고 있는 나라 가운데 하나인 한국. 한국 노동자의 연차 소진율은 76.1%로(문화체육관광부, 2021 근로자 휴가 실태 조사), 한 해에 부여받는 평균 연차 15.2일 중 11.6일만 쉬는 데 그쳤다. 이런 상황에서 한국 노동자의 연평균 노동시간은 1910시간으로, OECD 회원국 중 네 번째로 많고 OECD 평균 노동시간보다는 200시간 가까이 더 일하고 있다.

81%

'8년 지나도 트라우마 고통'받는 세월호 유가족 비율
가족 잃은 슬픔의 깊이, 냉담한 국가

2022년 이태원 참사가 발생하고 1주일쯤 지났을 때 든 생각이다. '내 가족에게 그런 일이 생겼다면 나는 어땠을까? 살아남은 유가족들의 삶은 앞으로 어떻게 흘러갈까?' 그즈음 온라인 공간에는 희생자를 향한 비난 글이 넘쳐났다. 이태원 참사의 유가족들이 느끼는, 앞으로 짊어지고 갈 슬픔과 상실감, 그리고 트라우마. 그 깊이를 가늠할 수조차 없어 그보다 8년이나 앞서 2014년 가족을 잃은 이들을 만나 보기로 했다.

그런데 이들을 만나는 과정이 그리 쉽지는 않았다. 세월호 참사 당시 앞장섰던 분들에게 연락했는데, '유민 아빠'로 불렸던 김영오 씨는 제주도에서 일을 하며 생계를 유지하고 있었고, 다른 분들도 연락이 잘 닿지 않았다. 생계 때문이었다. 40~50대에 참사를 겪은 희생자 부모들은 이제 제대로 된 직장에 다시 취직하기는 쉽지 않은 나이가 되어 생계를 찾아 안산을 떠나 뿔뿔이 흩어져 있었다.

아이들 수습하는 게 일단 장기간 걸렸어요. 휴직했다 다시 나왔다가 다시 휴직하는 이런 것들이 반복되다 보니까 원래 직장으로는 거의 다시 들어가시지 못했죠. (지금은) 일용직으로 가거나, 비정규적인 일들을 하시게 되는 거죠. **강지은 (고 지상준 군 어머니)**

그 후 다시 수소문해 만나게 된 유가족들은 안산 단원구에 남아 사실상 공동체(사단법인 4·16세월호 참사 가족협의회)를 이루며 함께 살아가고 있는 분들이었다. 법적 소송도 함께 진행 중인 만큼 이들은 안산 단원구에 남아 같이 어울리며 지내고 있었다. 어느 집이 김장을 했는지 안 했는지 서로 알 만큼 가까운 사이로, 여전히 서로를 세월호 참사로 떠나보낸 자식의 이름을 붙여 'OO 엄마, OO 아빠'로 부르고 있었다.

저희는 단원고라는 틀 안에서 지금도 모여 살고 있어요. **장동원(생존자 장애진 아버지)**

서로 같이 막 웃다가도 또 갑자기 울고 그래요. 일반 사람들
이 보면 정신 나간 사람처럼 행동하는 이유를 저희는 서로
알거든요. 그렇게 함께 있다는 게 위안이 돼요. **강지은**

8년이 지나서도 그들이 이렇게 모여 사는 건 어쩌면 자식을 잃
은 슬픔을 그만큼 혼자 견뎌낼 수 없다는 뜻이기도 했다. 그들은
이태원 참사를 보면서 다시 그때를 떠올리는 듯했다. 거리에서 사
람들이 압사했다는 사실 자체가 수학 여행길에 난 세월호 참사처
럼 믿기지 않았다. 또 그 이후에 유가족을 향해 쏟아지는 비난도
세월호 때와 너무 비슷하다고 했다. 비난이 시작된 시점이 더 빨
라졌을 뿐.

그들의 트라우마에 대해 세월호 유가족 73명에게 설문을 통해
물어보았다(JTBC, 2022년 11월 10~13일 조사). 과거 자료가 있었지
만, 8년이 지난 시점에 변화가 있었는지 묻고 싶었다. 그런데 응답
자의 81%는 트라우마를 "아직 극복하지 못했다"고 답했다. "어느
정도 극복했다"는 유가족 응답자는 18%뿐이었다. 그도 그럴 것이
그들의 삶 자체가 참사 전후 이미 너무나 많이 뒤바뀐 상태였다.
일단 참사 후 원래 직장으로 돌아갔다고 답한 응답은 8%뿐이었
고, 80% 넘는 응답자는 복귀하지 않거나 복귀 후 사직했다고 답
했다.

일상으로 제대로 복귀하지 못했다는 것은 그만큼 이들이 제대

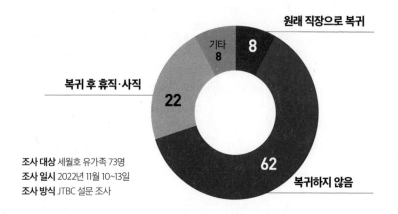

세월호 참사 후 직장 복귀 여부 (%)

원래 직장으로 복귀
8

기타
8

복귀 후 휴직·사직
22

62
복귀하지 않음

조사 대상 세월호 유가족 73명
조사 일시 2022년 11월 10~13일
조사 방식 JTBC 설문 조사

로 자신의 슬픔을 돌보지 못했다는 뜻이기도 했다. 실제로 2021
년 실시된 실태 조사에서 이들이 전문가의 심리 상담을 받은 비
율은 21.5%로 높지 않았다. 나머지 78.5%는 전문가의 도움을 받
지 못했다고 답했다(안산온마음센터, 세월호 참사 피해자 실태 조사,
2021년). "내 자신까지 돌볼 시간이 없어서", "먼저 떠나간 자식에
게 미안해서" 등이 이유였다. 게다가 형제나 자매를 잃은 어린 유
가족들은 행여 정신과 진료 병력이 남지 않을까 하는 주위의 우
려 때문에 상담 없이 혼자 이겨 내야 하는 일이 더 많았다고 한
다. 이들은 아마도 최소한의 심리 상담도 없이 혹독한 시간을 혼
자 보냈으리라.

그들이 지난 8년간 가장 큰 어려움이었다고 말한 것은 다름 아

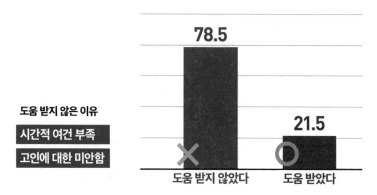

전문가의 도움을 받은 비율 (%)

도움 받지 않은 이유
시간적 여건 부족
고인에 대한 미안함

78.5
21.5
도움 받지 않았다   도움 받았다

출처 안산온마음센터, 세월호 참사 피해자 실태 조사(2021년)

닌 유가족을 향한 비난, 2차 가해였다. 이는 이태원 참사 생존자나 유가족의 말과도 같았다.

> 위로의 말씀을 꼭 전해 달라 이런 것까지는 아닌데, 비난이나 아무것도 모르는 조롱이나 이런 건 안 해주셨으면 좋겠어요. 이태원 참사 생존자

전문가들은 이러한 공격이 현재는 물론 과거에 참사를 겪었던 사람들, 그리고 한 사회가 함께 겪은 트라우마를 극복하기 힘들게 한다고 말한다.

이태원 참사는 우리가 누구나 갈 수 있는 곳에서 벌어졌다는 점에서도 비극성이 있어요. 실제 트라우마와 재난의 피해는 이런 것들(2차 가해)로 인해서 누군가에게는 굉장히 오래 공들여 온 치유와 회복을 위한 과정이 일순간에 무너질 수도 있죠. **백종우(경희대학교병원 정신건강의학과 교수)**

2001년 9·11 참사를 겪은 미국이 유족의 트라우마 치료 등의 지원 기한을 2090년으로 정해 사실상 평생 지원하는 이유이기도 하다. 그리고 이러한 전폭적인 지원 과정을 통해 일부는 트라우마가 치료되고 '외상 후 성장'이라는 진단을 받은 사람도 있다.

9·11 테러 이후 외상 후 스트레스 장애라고 진단된 환자가 52만 명이었거든요. 직접 경험한 사람만 진단하는 데도 그 정도였어요. 그런데 그분들을 장기 추적한 것을 보면 일부는 '외상 후 성장'이라고 해서 '내가 좀 더 성숙하고 성장한 것 같다'고 한 분들도 있었어요. 4년 전에 9·11 테러 관련 가족 단체를 갔다가 그런 분을 만날 수 있었죠. 평화를 위한 NGO 활동을 10년 넘게 하고 계시더라고요. 그래서 "어떻게 이렇게 사실 수가 있느냐" 물었더니, 그분 얘기가 "지금까지도 정신 건강 치료를 평생 무료로 받을 수 있고 지금도 매주 상담을 받는 게 도움이 됐다"고 하더라고요. **백종우**

미국뿐 아니라 옆 나라 일본의 사례도 있다. 일본의 사례는 트라우마를 겪은 유가족이 그 아픔과 트라우마를 잘 치유할 수 있다면, 그만큼 그 사회도 함께 성장할 수 있다는 것을 보여준다.

일본 국립정신건강연구소장의 말이, 일본은 백신 사고로 아이들 여러 명이 사망한 적이 있었는데 이후 의사들이 신고하는 제도도 생겼다고 해요. 2~3년 있다가 유족들이 "이 일은 절대 없어야 하는 일이었지만, 너희들의 희생 덕분에 우리 사회가 좀 더 안전해지고 다른 아이들이 더 안전해지고 나아졌어"라고 말했다고 합니다. 이렇게 말할 수 있을 때 그 사회도 가장 치유적으로 그 문제를 바라볼 수 있었거든요. 2, 3차 가해를 입고, 문제의 원인은 잘 발견되지 않을 때 사회적으로 그 트라우마는 오래갈 수밖에 없어요. **백종우**

세월호 유가족은 참사 10주년이 되는 2024년이면 트라우마를 포함한 의료 지원이 끝난다. 이태원 참사가 발생한 지 한참 시간이 지났지만, 우리 사회는 여전히 명확한 원인 규명과 이를 바탕으로 한 제도 개선을 체감하지 못하고 있다. 유가족을 향한 2차 가해를 멈추고, 원인을 정확히 규명하고 그것을 개선하는 것이야말로 유가족뿐 아니라 우리 사회가 트라우마를 극복할 수 있는 가장 빠른 지름길이 될지 모른다.

95.8%

카카오톡 시장점유율

'연결되지 않을 권리'에 대하여

2022년 10월 15일, 주말 근무 중에 갑자기 카카오톡이 되지 않았다. 먹통 시간이 10분이 넘어가면서 '기삿감'이라는 걸 감지했다. 한국에서 국민 메신저인 카카오톡이 안 되면 일터를 비롯해 많은 사람들의 일상이 마비되기 때문이다. 실제로 일상 대화는 물론 카카오뱅크를 통한 송금이나 결제, 또 카카오 택시까지 그대로 멈춰 버렸다. 접속이 안 되는 시간이 20분 넘게 지속되자 그날 첫 기사(이른바 '톱기사')로 결정되었고, 보도국 내에서도 서로 소통할 수 있는 사내 메신저를 설치하느라 분주했다. 그렇게 입사 후 처음으로 사내 메신저로 보도국 구성원들과 업무를 했던 날이다.

이처럼 20분 넘게 접속만 되지 않아도 '기사가 되는' 카카오톡의 시장점유율은 95.8%(와이즈앱, 사용 시간 기준, 2022년 9월). 나머

276

지 상위 네 개 메신저 앱(페이스북 메신저, 왓츠앱, 텔레그램, 네이버 라인)을 다 합쳐도 시장점유율이 4.2%인 것을 감안하면 '카카오톡 왕국'이라고 해도 과언이 아니다. 다른 나라도 이렇게 점유율이 큰 메신저가 있는지 살펴보았다. 미국은 페이스북 메신저 앱의 시장점유율이 52%로 1위였고, 2위 왓츠앱은 26%, 디스코드 9%, 라인 3% 수준이었다(eMarketer, 2022년 1분기, 활성 이용자 기준). 중국 역시 1위 위챗이 56%, 2위 QQ가 38.7%였고, 그 밖에 모모가 3%, 탄탄이 1.7%에 그쳤다(Statista, 2021년 12월 활성 이용자 기준). 측정 기준의 차이가 있긴 했지만, 한국처럼 하나의 메신저가 90% 이상의 지배적 위치를 갖는 곳은 찾아보기 힘들었다.

문제는 이처럼 압도적으로 점유율이 높다 보니 카카오톡을 탈퇴하는 것도 쉽지 않은 선택이 되었다는 점이다. 직장인이라면 특히 더 그렇다. 실제로 '카카오톡 먹통 사태'로 207만 명의 기존 가입자가 카카오톡을 탈퇴했지만, 단 하루 만에 188만 명이 재가입했다는 통계가 나올 정도였다. 사고 닷새 뒤(2022년 10월 20일) 직장인들의 커뮤니티 앱인 '블라인드'에 의뢰해 앱 사용자 직장인 1068명에게 물어보았더니, 카카오톡을 그대로 쓰는 이유로 "다른 사람들이 여전히 카카오톡을 써서"라는 답이 가장 많았다. "카카오톡 기능이 편해서", "카카오톡에만 있는 기능 때문에"라는 답변은 각각 14.6%, 1.8% 수준에 그쳤다.

특히 일상에서뿐 아니라 업무용으로도 카카오톡을 쓰는 비중

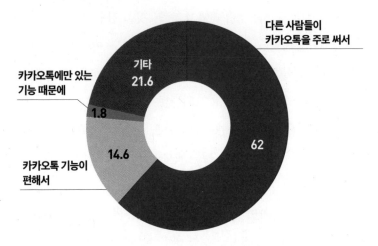

카카오톡을 계속 쓰는 이유 (%)

다른 사람들이
카카오톡을 주로 써서
62

기타
21.6

카카오톡에만 있는
기능 때문에
1.8

카카오톡 기능이
편해서
14.6

조사 기관 블라인드 조사 의뢰 JTBC 조사 일시 2022년 10월 20일 조사 대상 앱 사용자 1068명

이 높다 보니 탈퇴는 더욱 쉽지 않다. 친구나 가족은 그렇다 쳐도 직장 상사의 변화까지 필요한데, 그것이 내 마음대로 될 리가 없기 때문이다. 실제로 설문 조사에서도 업무 수단으로 '카카오톡'을 사용한다는 응답은 31.9%로 회사 자체 메신저(49.3%) 다음으로 많았고, 메신저 앱 중에는 단연 1위였다. 대기업이나 외국계 기업이 아닌 중소·중견기업이 카카오톡을 업무용 메신저로 쓴다는 응답자의 60% 가까이로 가장 많았다.

문제는 이처럼 업무에서도 카카오톡을 사용하다 보니, 일과 사생활의 경계가 모호해진다는 점이었다. 해외는 어떤지 독일과 호주에 사는 직장인들과 인터뷰했다. 그런데 두 사람의 공통점이자

업무 때 사용하는 메신저 (%)

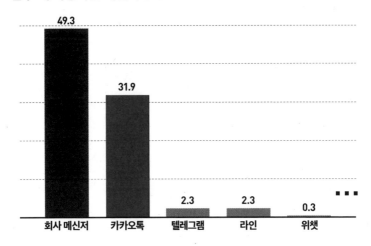

회사 메신저	카카오톡	텔레그램	라인	위챗
49.3	31.9	2.3	2.3	0.3

업무 수단으로 카톡을 쓴다 (%)

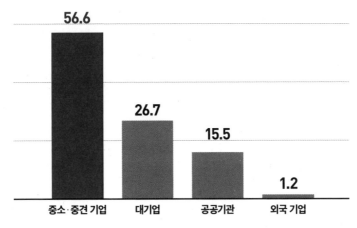

중소·중견 기업	대기업	공공기관	외국 기업
56.6	26.7	15.5	1.2

조사 기관 블라인드　　　　　　조사 의뢰 JTBC
조사 시기 2022년 10월 20일　　조사 대상 앱 사용자 1068명

우리 사회의 모습과 달랐던 점은 업무용 메신저와 일상용 메신저가 애당초 다르다는 것이었다. 업무 시간 외에도 메일 등으로 업무가 지속되기는 하지만, 주로 업무용 메신저와 메일이다 보니 답변을 기대하는 시간이 다르다는 것이었다. 그들은 적어도 메신저 앱 때문에 근무시간이 길어지는 일은 많지 않다고 했다.

> (직장에서는) 마이크로소프트 팀 메신저 앱을 사용해요. 업무를 볼 때 효율을 높이고요. (퇴근할 때는) 메신저를 끌 수 있습니다. 친구들과는 왓츠앱을 써요. 앤절라(호주 직장인)

> 저녁 5~6시가 되면 (메신저가) 로그오프 상태가 되고, 아주 급한 경우가 아니면 웬만하면 더 이상 보내지 않게 돼요. 근무시간 이후나 이전에 메신저로 메시지를 보내는 건 거의 경험해 본 적이 없어요. 한국에는 '업무 시간 외에도 물어볼 수 있지 않나'라는 문화가 있다면, 독일에는 그런 대화를 '예의가 없다'고 생각하는 문화가 있어요. 윤유진(독일 직장인)

결국 국내에서는 업무와 사적 대화가 하나의 메신저 앱에 뒤엉켜 있고, 특유의 기업 문화가 더해져 업무 시간을 늘리고 있는 게 아니냐는 지적이 나왔다. 앞선 설문에서 퇴근 후에도 자연스럽게 카카오톡 등의 메신저로 업무 지시를 받은 적이 있는지 묻는 질문에, "없다"라고 답한 응답자는 24.7%에 그쳤다. 우리가 살고 있는 '카카오톡 왕국'이 어쩌면 의도치 않게 연결되지 않을 우리의 권리를 침해하고 있었던 것은 아닐까.

에필로그

《퍼센트》를 쓰면서 신경 썼던 건 현장에서 만난 사람들의 목소리였습니다. 방송에서는 가장 핵심적인 부분을 10초 내외로 반영했지만, 이 책에서는 과감히 그들의 목소리를 더 자세히 담았습니다. 대부분 한 시간 가까이 인터뷰를 했는데, 그것을 다시 찬찬히 읽어 보니 그때는 담지 못했던 좋은 내용이 많았습니다. 곱씹어 읽으면서 여러 번 가슴이 뭉클해지기도 했지요. 방송에서는 많은 통계를 다양한 그래픽을 사용해 담는 데 노력했는데, 더 여유롭게 기록할 수 있는 공간을 만나니 오히려 숫자보다는 그들의 목소리를 더 담고 싶었습니다. 그래서 독자 여러분에게 가장 인상에 남을 하나의 통계와 그 통계를 바라보는 많은 사람의 목소리가 바로 이 책 《퍼센트》의 주된 내용입니다. 취재를 마무리한 시점과

책이 나오는 시점이 1년도 채 되지 않았는데, 상황이 바뀐 주제들도 보였습니다. 그러나 그 사안의 해결을 위해 필요한 시각은 바뀌지 않았다고 생각해 최대한 의미를 살려 보완했습니다.

숫자와 사람들의 목소리를 통해 제가 말하고자 하는 건 어쩌면 함께 사는 사람들에 대한 공감과 관심인 것 같습니다. 고독사에 대해 취재했을 때도, 자폐증 자녀 관련 인터뷰를 했을 때도, 자립 준비 청년에 대한 이야기에서도 '이웃과의 친밀한 관계', 그리고 '이웃의 따뜻한 시선'은 우리 사회의 여러 문제를 해결할 수 있는 핵심적인 대안으로 언급되었습니다. 전문가의 입에서도 이 같은 표현이 나왔을 때 저는 적잖이 놀랐습니다. 조금 허무하기도 했고요. 물론 재정 투입과 제도가 뒷받침되어야겠지만, 인간관계의 회복은 우리 사회의 여러 문제를 해결할 수 있는 열쇠입니다. 그리고 그 시작은 바로 타인에 대한 공감이라고 생각합니다. 40개의 주제를 통해 말하고자 했던 것도 어쩌면 동시대를 살아가는 사람들, 그리고 앞으로 살아갈 세대에 대한 관심과 애정이었다고 생각합니다.

《퍼센트》를 작업하면서도 지난 12년간의 제 기자 생활을 되돌아보았습니다. 주로 사회 현장이나 정치 현장을 취재해 왔는데, 그때마다 제 안에서 느껴지는 아쉬움이 있었습니다. 그 아쉬움이 모여서 《퍼센트》를 기획했고, 최대한 과거의 아쉬움을 해소하고자 제가 가진 적은 능력을 최대한 응축해서 치열하고 즐겁게 작업한 결과물이기도 합니다.

　제가 속한 언론 환경은 2024년 현재 매우 고달픈 상황입니다. 매체의 다변화로 수익은 악화되고 있고, '가짜 뉴스'라는 용어에서도 보듯 언론에 대한 불신도 제가 기자가 된 이후 가장 높아진 것 같습니다. 주목받지 못하는 많은 기사를 보면서 어떻게 포장을 해야 하는지 늘 고민해야 살아남을 수 있는 환경이기도 하죠. 그런데 현장에 가보면 언론이 주목하지 않으면 안 되는 상황을 마주할 때가 있습니다. 권력 감시가 필요한 현장일 때도 있고, 사회적 약자를 마주할 때도 있지요. 그런 순간을 앞으로도 기록하고자 합니다. 그리고 기회가 된다면 또 다른《퍼센트》를 통해 여러분을 찾아뵙겠습니다. 감사합니다.

퍼센트

통계로 읽는 한국 사회
숫자가 담지 못하는 삶

초판 1쇄 발행 | 2024년 4월 8일

지은이 | 안지현

펴낸이 | 한성근
펴낸곳 | 이데아
출판등록 | 2014년 10월 15일 제2015-000133호
주　　소 | 서울 마포구 월드컵로28길 6, 3층 (성산동)
전자우편 | idea_book@naver.com
페이스북 | facebook.com/idea.libri
전화번호 | 070-4208-7212
팩　　스 | 050-5320-7212

ISBN 979-11-89143-46-6 (03330)